for the future

中学校編

とっておきの 道徳授業15

● コロナ禍だからこそ届けたい　35授業実践 ●

桃﨑剛寿 編著

全 授 業
パワーポイントスライド
＋ワークシート
特設サイトに掲載

たくましく生きる中学生に
この道徳授業でエールを！

JN069466

日本標準

● はじめに

　2020年は新型コロナウイルスの感染拡大に子どもたちは翻弄されました。

　2月あたりからその脅威が大きく報道され始め，子どもたちはなじみの深い芸能人の方の訃報で「命の尊厳」について考えたことでしょう。3月から5月までの臨時休校で子どもたちは "Stay home" を余儀なくされ，「家族」と密接になり，「友達」ともなかなか会えず，6月にやっと分散登校等で学校が再開します。「自律」や「規則」のことなどについて考えたことでしょう。夏の中学校体育連盟主催の大会の多くに支障が生じ，短い夏休みを終え，秋は感染対策のもとに多くの学校行事が実施され，子どもたちに笑顔が戻ってきました。「夢や希望」，「学校生活」について考えたことでしょう。一方で第2波，第3波と感染拡大はとどまることなく，大人が互いにいがみ合う姿が多く見られ，「寛容」や「公正」などについて考えたことでしょう。

　このように，この時代を生きた中学生だからこそ，道徳科の重要度はいっそう増し，「考え，議論する道徳」が機能することは，子どもたちがよりよい人生を送ることの大きな手掛かりになったはずです。もちろん，主たる教材は教科書であることは言うまでもありませんが，学習指導要領では「**生徒の発達の段階や特性，地域の実情等を考慮し，多様な教材の活用に努めること**」と努力義務が示されています。さらに教材開発について，「現代的な課題などを題材とし，生徒が問題意識をもって多面的・多角的に考えたり，感動を覚えたりするような充実した教材の開発や活用を行うこと」と記されています。コロナ禍のなかでどのようにしてよりよく生きるかを考えることほど現代的な課題はありません。

　『中学校編とっておきの道徳授業』シリーズは，本書でシリーズ15作目・20年目を迎えました。500を超す，中学生が主体的に深く考えたくなる教材と工夫された展開のオリジナル実践を世に送り出してきました。取り上げてきた教材は教科書にもたくさん掲載され，大きな影響力を持つ「教科書の『強化』書」の役割を果たしています。前作同様，22の内容項目すべてを網羅し，「**全授業のプレゼンテーション資料**（パワーポイント）」「**全授業のワークシート**（ワード，一太郎）」「中学校編とっておきの道徳授業全巻520実践の**教材内容項目一覧**（エクセル）」をダウンロードできる特別サイトを開設しました。生徒の実態に合わせ修正して利用したり，年間計画作成の際の資料として活用したりしてください。

　たくさんの先生方に本書を手にとっていただき，日本全国で実践され，中学校の道徳授業が「消化道徳」に陥らない手助けになれば本当に幸せです。

　2021年3月

編著者一同

◎目　次 ————————————————————————

● 澤田浩一先生×桃﨑剛寿先生　特別対談 ●
コロナ禍の道徳授業のあり方 …7

第3章 コロナ禍で生かしていける教材 …103

この本の使い方〔特長〕

道徳授業の４つのポイント「感動」「驚き」「新たな知恵」「振り返り」のそれぞれの度合いの達成度を「星３つ！」形式で示しました。

白く浮き出ているのが，実施可能な学年を示しています。学年は，一応の目安として考えてください。

この授業がなぜ生徒には必要なのか，この教材を開発したのはなぜか，授業の主張が簡潔に述べてあります。

教材の概要と授業づくりのアドバイス，授業構成を時間のグラフで示しました。授業構成の下に，どこで「協働的な学び」があるかを明示しました。

授業全体を通しての協働的な学びの度合いを表しました。

授業の準備にどれくらい労力が必要なのかの度合いを表しました。

特設サイトにあるデータと対応する本授業のデータと対応する番号です。

1ページ目

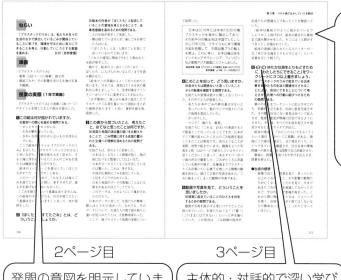

2ページ目

3ページ目

指導案でも，授業の展開例でもありません。
実際の授業の様子などを追実践可能な形で記しました。
「授業の事実で語る」本書の理念を具現化したページです。
発問・指示・生徒の反応が具体的に書かれています。

発問の意図を明示しています。授業構成がわかり，追実践するときに役立ちます。

主体的・対話的で深い学びを導く発問に 主 対 深 のマークをつけました。

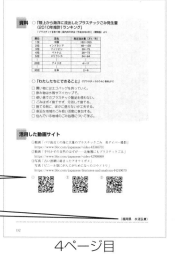

4ページ目

教材やプリントなどを掲載しています。

教材を開発し，授業を実践し，執筆しました！

※著作物を授業で使用する場合は，出典を表示してお使いください。

コロナ禍の道徳授業のあり方

「コロナ禍だからこそ届けたい道徳授業」を
どう創ればよいのかを内容項目を手がかりに
考えたい――。
道徳的価値の研究の第一人者である國學院大
學教授の澤田浩一先生と編著者・桃﨑剛寿
先生の対談が実現しました。

（実施：2021年1月6日　まとめ：日本標準編集部）

澤田浩一先生　　　桃﨑剛寿先生

▶コロナ禍が中学生に与えた影響について

桃﨑剛寿（以下，桃﨑）：2020年，子どもたちが3カ月間の休校の後に登校してき
　　たとき，まず子どもたちからは喪失感といいますか，これから先は一体どう
　　なるのかという不安が感じられました。一方で2，3年生にはぐんと大人に
　　なっている姿も見られました。それまでは，授業中でもまだ子どもっぽさが
　　ありましたが，学校に来て真剣に授業を受けようとする真面目さが引き出さ
　　れたところがあると思います。もう一つは，新年度始めの学校行事がずいぶ
　　んなくなったので，学級づくりや，生徒同士の人間関係づくりがなかなか進
　　まなかったことが特徴です。澤田先生は，子どもたちの現状をどのように捉
　　えていますか。

澤田浩一（以下，澤田）：子どもたちのほうが感受性は豊かですから，桃﨑先生の
　　言うとおりだと思います。中学生にはまだ直観的な感性が残っていると思う
　　のです。思春期特有の発達があります。男子なら中学2年生から3年生く
　　らいにかけて，女子なら小学6年生後半から中学2年生くらいにかけて，性
　　ホルモンの影響から一時的に情動が豊かになります。大人以上に子どもた
　　ちは不安を感じていたのではないかと思います。そのなかで行事などを喪失
　　し，どこにぶつけていいのかわからず，ストレスをたくさん抱えていたので
　　はないでしょうか。非常にしんどかっただろうと思います。

▶コロナ禍に必要な道徳授業

桃﨑：どのような道徳授業が必要なのかといったときに，澤田先生が言われたよう
　　な，子どもたちの不安を取り除くというところが大事かと思います。オンラ
　　インで「道徳のチカラ」のセミナーをしたときに，感染者への差別，偏見，
　　同調圧力，家族の存在の実感，支えてくれた方への感謝といった場面が，道

徳授業として取り上げられるのではないかという意見が挙がりました。いろいろな挫折が多いなかで，子どもたちが夢や希望を持ち続けることも挙げられると思います。澤田先生から見て，コロナ禍のなかだからこそ，道徳授業で取り上げてほしいことはありますか。

澤田：今回の学習指導要領の改訂で大きく変わったこととして，現代的な課題の取り扱いにも留意すると示された点が挙げられます。特に中学校で例示されているのは科学技術の発展と生命倫理の関係です。生命倫理の問題にいじめの問題も当然入りますが，まさに今のコロナ禍のなかで，身体的につながることができないこの状況をどう受け止めて生きていくかという課題があります。子どもたちを不安にさせているものは何かについて，リアルな現実を基に考えさせなければと思います。過去の経験と対比しながら，なぜ感染者への差別や偏見が起きるのかという，根本の部分を問わないと駄目だと思います。教科書は４年に１回しか改訂できないので，常に現実から遅れます。現場の先生方は，今の時代状況に即した授業をしたいはずです。今，活用できるものを提示することが本書の役目ではないかと思います。一方で，リアルなことを冷徹に見つめさせるということは，あまりにも現実が厳しいので，小学生の段階では危険です。中学２年生くらいになり，大人は本当のことを教えない，うそばかり，きれい事ばかりしか言わないということを言い始めたら，そのときは逆にチャンスです。子どもたちには，本来の意味で諦めること，明らかにすること，真相をはっきりさせることなど，つまり現実をしっかりと受け止めて進むしかないと語ることが大事です。先ほど，桃﨑先生は喪失感があったと言われましたが，それは仕方のないことです。確かに今の子どもたちは運が悪いです。しかし，運がいいことばかり続く人生はありません。道徳教育の目標は，人間としての生き方についての考えを深めて道徳性を養うことです。

桃﨑：澤田先生が思われているレベルまでいっているかどうかはわかりませんが，本書の実践の多くはリアルなものに着目しています。また，発達段階に応じた道徳授業についてご指摘がありましたが，特に中学校なら，ただ感染者への差別をやめましょうという授業ではなく，そこから一歩，生き方を深めるために突っ込んでいくところに，リアルな教材が生きると思います。

▶コロナ禍の道徳授業の可能性〜内容項目を手掛かりに〜

桃﨑：今回，内容項目Ａのところでは，中島みゆきさんの「時代」という曲を使った授業があります（１「いつか笑って話せる日が」）。コロナ禍を受けて，もしかしたら元に戻れないかもしれないけれども，この場で生きていこうというところへ子どもたちの気持ちをもっていければという思いから私が創りま

した。また，改めて自分の気持ちや行動を振り返らせることで，カウンセリングの効果もねらっています。内容項目Aについて，コロナ禍を踏まえると中学生にどのようなことを重点的に考えさせたいですか。

澤田：後で思い出して心が温かくなるような授業がAの視点には重要で，これは担任がすることが向いています。Aの視点は，その意味では，背中を押すような教材，道徳的心情の部分をもう一回，耕し直すような教材が向いていると思います。今回の学習指導要領で最も力を入れなければならないのは，実は「真理の探究，創造」です。新しい内容項目ですから，教科書の教材も開発途上のものが多いのです。教材のアイデアは現場の先生方からしか出てきません。試行錯誤するなかで，子どもたちの心をぐっとつかんだ教材が開発されることが望ましいです。

桃﨑：内容項目Bでは，マスクを着用していても，気持ちよい接客ができるように工夫をしている会社の取り組みを知り，人と接するときの新たな心遣いについて考え，礼儀を尽くすことを実行しようとする意欲を高めるという授業があります（7「マスク時代の新接客術」）。今年度は子どもたちのあいさつが非常に下手になったと感じます。以前なら小声でも言っていたけれども，小声では伝わらないものだから会釈になってしまいます。なかには会釈すらしない子もいます。何か形などではなく，相手に伝えるものを一生懸命に考えることが大事ではないかという，現場のニーズにも合った実践です。

澤田：エッセンシャルワーカーの人たちが働いてくれているから私たちは生きていけるのではないでしょうか。そのことを考え，礼儀というところを見ると，相手に対する尊敬の「敬」という概念が大事です。意識的に心を集中させて緊張状態をつくり相手に対するという「敬」という心のあり方が重要だと考えます。コロナ禍の時代になってみて，私がいちばん大事だと思うのはやはり信頼です。いじめの問題でもそうですが，このような時代に，恵まれない状態の人たちが困っているのに誰も助けないという状況を，子どもたちに見せることがいちばん危険で心配です。友情や信頼はマンガやアニメなど，いろいろなところにあふれています。子どもたちもそれを求めるため，授業では確認ぐらいしておけば大丈夫と思っていましたが，コロナ禍になってみると，しっかりと道徳科でも取り組んでおくべきだと思いました。

桃﨑：内容項目Cでは，インターネット上でのSNSバトンについて取り上げました（11「SNSバトン」）。SNS上での「バトン」という拡散方法に同調圧力を感じたり，疑問を感じたりした人の意見を通して，この取り組みやSNSの使い方について再考させる実践です。Cの視点について，澤田先生のご意見やこの実践に関連するお話しをお願いします。

澤田：今の学校の先生方は大変だろうと思います。デジタル化の進展が速く，子どもたちがSNSを適切に活用できるかどうかは難しい課題です。特に中学2

年生以降の道徳授業は，判断をさせて行為につなげていく時間とすることが期待されています。道徳科の時間の特質は，先生も一緒に関われるところです。子どもたちと語り合う時間であることをきちんと理解していれば，子どもたちのSNSの活用状況を把握することが可能になります。道徳科の特質を生かしていかないと，今の情報環境は非常に危険だと思います。

桃﨑：最後に内容項目Dでは，「アマビエ」を教材にした授業で，目の前の状況だけに左右されず，目に見えない価値や力を適切に畏れ，人間として望ましい生き方をしようとする態度を養うことをねらいとしています（13「見えないものと向き合う」）。Dの視点でのコロナ禍というといかがでしょうか。

澤田：コロナ禍の今は，目に見えないものについて考えざるを得ない時代だと思います。普段であれば目に見えない事象は意識しませんが，感染症が流行する時代になると，人知を超えたものへの畏怖が生まれます。「アマビエ」はそうした気持ちのよりどころとなった一例です。Dの視点は，コロナ禍でいちばん関心が高まった視点だと思います。

▶これからの道徳授業に期待すること

桃﨑：先生が言われたように，現代的な課題はなかなか教科書からはできないところがあるので，自分たちが創出していきたいです。全国の先生方も本書を見て，毎時間は無理ですが，学期に１回でも，年に１回でも試行錯誤していくことで，授業づくりも上手になっていくのではないかと思います。

澤田：最後に３点のお願いがあります。１点目ですが，道徳科における現代的課題などの教材は，現場の先生方のアイデアからできるものです。教科書と併用し活用するための補助教材づくりをする先生方がたくさん出てきてほしいと思います。２点目は道徳の授業を楽しい時間にすることです。そのためには，先生方の工夫と情熱が必要です。教科書の指導書を見てそのとおりに授業しているようでは，楽しい授業になりません。ぜひ「これなら授業をしてみたい」と思える教材で授業をおこなってください。教材は，授業のなかでしか改善されていきません。３点目は，道徳性の３つの様相である判断力・心情・実践意欲と態度はばらばらなものではなく，密接につながっていることを意識し授業することです。内容項目相互のつながりも意識して授業することが大切です。

桃﨑：今回先生とお話しをさせていただき，今後どのような授業ができるのか，わくわくしています。本日はお忙しいなか，ありがとうございました。

澤田：こちらこそ貴重な機会をいただきありがとうございました。

澤田浩一（さわだ・こういち）先生　略歴：國學院大學文学部史学科教授。道徳教育の理論と方法，公民科教育法を担当。2019年３月まで９年間国立教育政策研究所に教育課程調査官として勤務し，文部科学省初等中等教育局教育課程課教科調査官（中学校・高等学校道徳教育，高等学校公民科倫理）を併任。主な著書に『道徳的諸価値の探究』（学事出版）など多数。

コロナ禍に
直に向き合う教材

　コロナ禍のなかで生徒は，そのさまざまな陰と陽の場面に，報道を通して，または直に出くわしました。感染者への差別や偏見，ごくまれでしたが感染者のルール違反，自粛警察と称された過度な"取り締まり"などが起きました。これらに多くの人が心を痛めました。一方で，家族の存在を実感したり，友達や仲間の意味を考えたり，支えてくれた方への感謝を感じる場面も多くありました。困難のなかでも夢をもち続けることの素晴らしさや，人間のよさに気づくことも多くありました。

　これら，直に起きている場面を活用した教材は，生徒により切実感をもたせ，道徳的判断力を高める効果が期待できます。一方でどう行動するかばかりを考えるのではなく，その起因となった心情や価値観を深く考えることで生徒の道徳性を高めることが大切です。この授業の進度が発達段階に応じて，中1より中2，中2より中3で実現されなければなりません。ここに集まった14の実践がそのことを物語っています。

第1章　コロナ禍に直に向き合う教材

1. 中島みゆき『時代』の歌詞から，日常を取り戻せるのかという不安を抱きながらも困難を乗り越える希望をもたせる「**いつか笑って話せる日が**」

2. 原発事故からの避難，自然災害からの避難，コロナからの避難を比較することで，そこに起きる差別の構造を知り，感情を超えた自律をめざす「**3つの避難**」

3. 春の甲子園中止，前監督から授かった「Play Hard」の精神で交流試合に出場した福島県立磐城高校野球部の姿から，自分を奮い立たせ，希望をもたせる「**Play Hard**」

4. 学校が臨時休業のなかの女児と清掃員の交流の姿から，温かい思いやりの心情を育て，向き合い，できることを実行する意欲を育てる「**日常取り戻すため伝えたい**」

5. 世界の現状を知り，改善に導こうとする石山大吾さんの姿を通して，試行錯誤して工夫することの大切さなどを伝える「**コロナと闘う新たな衛生ソリューション**」

6. コロナ禍のなか，感謝を伝えることが形式的に行われていないか，感謝の本質は何かを考えさせる「**感謝を表す上で大切なこと**」

7. マスクを着用した接客の工夫を凝らした取り組みを通して，新たな心遣いについて考え，礼儀を尽くす心を育てる「**マスク時代の新接客術**」

8. 買う側と売る側での望ましい関係を体験的に考えることを通して，双方がどのような関係を築こうとすればよいか考えるのを促す「**お店とお客のやりとり**」

9. 暖房機器メーカー「株式会社コロナ」の広告から，人は不安によって誤った行動をとってしまうことを自分事として捉えさせる「**コロナ禍の手紙**」

10. 感染者や医療従事者などに対する差別や偏見に自分事として向き合い，本質的な問題について考えさせる「**コロナ差別〜本当に闘うべき敵とは〜**」

11. 同じ企画を別の人がつないでいくSNSバトンの是非を通して，インターネットとのつきあい方や同調圧力の構造について考える「**SNSバトン**」

12. ある病院のコロナ禍に対する工夫を通し，自分にできることを考え，行動することでよりよい社会の実現に生かしていこうとする意識を高める「**ある病院の工夫**」

13. 心の支えを求める人の気持ちから脚光を浴びた妖怪アマビエの話題を通し，目に見えない価値や力への畏れについて考えさせる「**見えないものと向き合う**」

14. 3カ月の休校で考えたことを綴った中学生の作文などを通し，自粛生活のなかでも主体的に生き，自分の生活を充実させることを考えさせる「**人生の主人公は誰?**」

これからも，私たちは新たな危機的場面に出くわすかもしれません。その場面でも揺るがない道徳性の構築のために必要な道徳授業創出のヒントにもなる14の実践です。

1年

2年

3年

明日を信じてエールを贈る

1.いつか笑って話せる日が

感　動	★★★
驚　き	★★☆
新たな知恵	★★☆
振り返り	★☆☆

web
1-1
授業用
パワーポイント

　コロナ禍における生徒たちの不安要素として，「来年度は普通に学校行事ができるのかなあ」「部活動の大会はできるのかなあ」というものがあると考えられます。日常を取り戻せるのかという思いを抱いています。そうだ，中島みゆき『時代』の歌詞はそのような思いの生徒を優しく励ましてくれる力があるのではないか。そう思ってこの授業を創りました。

 『時代』

作詞・作曲　中島みゆき

■ 教材の概要 ■

　1975年にシングルが発売されヒットした名曲。株式会社ヤマハミュージックジャパンが行ったアンケート「昭和世代が平成世代に教えたい1曲」の1位に選ばれている。つらい状況にあっても自然と前を向けるような優しい歌詞が魅力である。その「未来を信じる」歌詞が今のコロナ禍のもたらす不安感の打破に効果があると感じる。

■ 授業構成 ■

```
0    3   5              18  21            29      35          43        50(分)
●発問●     ●発問●         教材  ●発問●       ●発問●     ●発問●        視聴
悲しかった   つらい順は？          笑える時代が   理由？   自分にできる     『時代』
こと                           来るか？              こと？
      ●発問● 涙が出たか？
```

協働的な学び　考えを見える化して交流し，感情を共有する。

■ 本時の授業を中心に見取った評価文の例 ■

　学習内容を家庭でも振り返る姿が素晴らしいです。特に中島みゆきの『時代』を教材にした授業では，自分の学びを保護者にしっかり伝えることができ，前向きに生きていく大切さを強く思う気持ちが見られました。

協働的な学びの度合い ●●●●　　　授業準備度 ●●●

ねらい

『時代』の歌詞を，今を見つめながら検討することを通して，困難を乗り越える希望を持ち，前向きに生きていこうとする態度を育てる。
A4［希望と勇気，克己と強い意志］

準備

・教材（16ページに掲載）生徒数分
・『時代』の音源（カバー・本人）
・ワークシート　生徒数分

授業の実際（3年で実施）

「新型コロナウイルス感染拡大に対し，人類は英知を集めて対応していますね」と言って最初の問いをした。

🔢どんな悲しいことが起きましたか。
■教材への興味を高める発問である。

席が近い者同士で話し合わせた。このことにより，「自分と同じだなあ」とか「悲しみの感情は私だけではないんだなあ」などと思うことで，悲しみという感情を発表することへの抵抗感を和らげるねらいがある。

・志村けんさんなど，よく知っている人が新型コロナウイルスに感染して亡くなったことが悲しかった。
・部活動のコンクールや大会がなくなったことが悲しかった。
・地域の夏祭りがなくなったことが悲しかった。
・2年生の3月がなくなってしまったことが悲しかった。
・マスク生活をしなくてはならないことが悲しかった。
・書籍の販売が滞ってしまったことが悲しかった。
・友達と会えないことが悲しかった。
・おじいちゃんなど親戚と会えなくなったことが悲しかった。
・楽しみにしていた映画が封切られないこ

とが悲しかった。
・いろいろないやがらせが起きていることが悲しかった。

一つ一つ「こうだったよね」と確認しながら，生徒の悲しみを共有していった。これらを「似たものはどれかな」と投げかけ，生徒の発言を生かしながらグループ分けしていった。次の6つに集約した。

①知っている人が感染して亡くなったこと。
②部活の大会などがなくなったこと。
③自由に人と会えないこと。
④マスク着用の生活が始まったこと。
⑤休校になったこと。
⑥趣味を好きなようにできなくなったこと。

🔢このようなことが起きて，涙が出た人はいましたか。
■本当につらい思いをしたんだということを共有させ，次の問いを考えようとする動機を高める発問である。

挙手を求めると3分の2ほどの生徒が挙手し，お互いに驚いたような雰囲気を出していた。

🔢 🈯 ①から⑥を，つらい順に並べるとしたらどのような順序になりますか。
■自分の悲しみを深く見つめさせ，協働的な学びのために視覚化させる発問である。

下の図を板書し，ワークシートを配付し写させた。一番上の部分に「一番悲しいと思った」ことの番号を一つ書かせ，真ん中の部分に「次に悲しいと思った」ことの番号を二つ書かせ，残り三つを最下段に書かせて，ランキングを視覚的に表す。

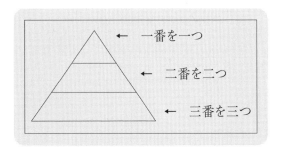

全員が書いたところで交流をさせた。最初に起立させ，ワークシートを相手にわかるように持たせてランダムに話し合わせた。次に教室6カ所に一番にあげたもので分かれさせ，さらにその中で二番の選択も同じになる者同士でグループをつくらせ交流させた。

一番多かったのが，②，①と③，④と⑤と⑥の並びであった。事例として板書した。

「しっかりと自分の悲しみに向き合ってくれてありがとう。そんな皆さんの気持ちを表したような歌詞の一部分があります」と言って，次の言葉を板書した。

> 今はこんなに悲しくて　涙もかれ果てて
> もう二度と笑顔には　なれそうもない

「本当の歌詞は，『なれそうもない』に『けど』が続きます（板書）。そして次の歌詞が続きます」と説明し，教材を配付した。アンケート「昭和世代が平成世代に教えたい1曲」の1位に選ばれていること，そのアンケートで寄せられたコメントを説明した。

「歌詞の下の4行は，前向きな気持ちが表れていますね」と確認した。生徒から「この歌詞はコロナのことを考えて作られているのですか」と質問があったので，「この歌詞を知っていますか」と聞くと1人の生徒が挙手したのでどのようなことを知っているか聞くと，「だいぶ昔のヒット曲にこの歌詞があった」と答えた。そこで「実は1975年にできたヒット曲なので，45年以上も前のヒット曲の歌詞です。後で実際聞いてみようね」と説明を済ませた。

4 🈁 本当に「きっと笑って話せる」時代が来ると思いますか。

■現実に直面させ，そう簡単ではないからこそ自分にも何かできることはないのかという意識を引き出す発問である。

【笑って話せる】と【笑って話せない】を二極とした数直線を板書し，今の気持ちをその位置により全員に表現させた。

【笑って話せる】方に分散した。5人ほど，【笑って話せない】に位置づけた。

分布を見ての感想を近くの生徒同士で話させた。

5 🈁 なぜそう考えましたか。

■理由を考えさせることを通して，課題を鮮明に捉え，次の問いにつなげる発問である。

【笑って話せない】を選んだ生徒に，初めに発表させた。

・亡くなった人がいたら笑えない。
・取り返しがつかない失敗もある。

【笑って話せる】の方を選んだ生徒に「亡くなっている人がいるんだよ。笑えるかな」と突っ込むと，3人が発表した。

・そのことでは笑えません。だけどいいこともいっぱい起きている。
・悲しいだけで終わったらコメディアンの志村さんは嫌だと思う。
・悲しみを乗り越えられると思う。

【笑って話せない】を選んだ生徒に今の発表を聞いての感想を聞いた。2人の生徒が，「そういう気持ちもあったので，数直線でネームカードを完全に左には置かなかった」「ネームカードを真ん中気味に置いたが，さらに真ん中気味になった」と答えた。

6 🈁 笑って話せる時代が来るために，今自分ができることは何でしょう。

■自分を振り返って今日の学びを見つめさせる発問である。

前向きに生きていこうとするなどの気持ちのもち方，マスクや生活様式などの感染予防対策，差別をしないようにする心のもち方など多様な意見が出ていた。班の中でワークシートを交換させて読み合わせた。

『時代』はさまざまな歌手がカバーで歌っている。その曲を何曲か聴かせた。最後に中島みゆきさん本人のオリジナルを聴かせた。歌詞の意味を十分検討させた後なので心にしみこんでいく。生徒を励ます，癒やしの効果も兼ねている。

さらに，保護者に今日の授業内容を伝えてコメントをもらうように宿題を出した。この時代だからこそ，曲『時代』の歌詞から，保護者も励ましたい。

教材　教材　『時代』 作詞・作曲　中島みゆき

今はこんなに悲しくて　涙もかれ果てて
もう二度と笑顔には　なれそうもないけど

そんな時代もあったねと　いつか話せる日が来るわ
あんな時代もあったねと　きっと笑って話せるわ

だから今日はくよくよしないで
今日の風に吹かれましょう

（一部抜粋）

「昭和さん1位『時代』中島みゆき」

・中島みゆきのリリースではありますが，西城秀樹，岩崎宏美，桑田佳祐など，多くのカバーが生まれた昭和の名曲。老若男女を問わず，親しみを感じる歌詞は，聴きやすいメロディーとともに，こころの中にす～っと入って来ます。仕事がうまくいかなかったときも，失恋をしたときも，大切な人との別れがあったときも，それをやさしく慰めてくれながら，未来へと向き合える素敵な曲です。　　　　　　　　　　　　　　　　　　　（昭和さん　40代男性）

・誰もが経験する絶望や閉塞感に，いつか笑って話せるという希望が持てる歌。思春期に自分だけが悩んで不幸で，と行き詰まった時に「今」もいつか過去になり自分が苦しんでいたことが無駄ではなかったと思えるんだと気づかせてくれた。令和になった今，自分の「時代」をつくづく感じている。
　　　　　　　　　　　　　　　　　　　（昭和さん　50代女性）

・中学時代，この歌を聴きながら，今はつらくてもきっとよかったと思えるときがくると信じて，頑張った自分がいます。自分への応援歌です。
　　　　　　　　　　　　　　　　　　　（昭和さん　60代女性）

Yamaha Music Members「昭和さんと平成さん　お互いの世代へぜひ教えたい1曲は？」アンケート結果より
https://download.yamaha.com/files/tcm:39-1289760

『時代』カバーの例

・薬師丸ひろ子　1988年　シングル『時代』
・徳永英明　2005年，シングル『時代』，アルバム『VOCALIST』収録
・夏川りみ　2007年　アルバム『歌さがし～リクエストカバーアルバム～』収録
・一青窈　2011年　シングル『時代』
・秋川雅史　2015年　アルバム『GOLDEN VOICE』収録
・クリス・ハート　2015年　アルバム『Heart Song Ⅲ』収録

　YouTubeの中島みゆき公式チャンネルにも，本授業で扱った6行の歌詞を歌うシーンがアップされている。
　https://www.youtube.com/watch?v=Ry_bpaKDcAo

（熊本県　桃﨑剛寿）

| 1年 |
| 2年 |
| 3年 |

差別のない社会をつくるには

2.3つの避難

感　動	★★☆
驚　き	★★★
新たな知恵	★★☆
振り返り	★☆☆

web
1-2
授業用
パワーポイント

　コロナ禍でたくさんの差別が起きていますが，何か不思議な気がします。「似たような差別があった」というデジャヴ（既視感）を感じたことがありませんか。メカニズムが似ているので同じような差別が起きているのです。差別に対する知的理解で客観視できる。そう考えてこの授業を創りました。

教材 「『コロナ憎んで人を憎まず』福島差別を知る男が，感染者バッシングや医療者への偏見を嘆く理由」
BuzzFeed Japan

■ 教材の概要 ■

　福島出身の俳優・タレント，なすびさんはかつて1年3カ月にわたって懸賞品だけで生活する「懸賞生活」をやり遂げており，コロナ自粛下でその特異な実体験が改めて注目を集めている。なすびさんは，東日本大震災後の福島への差別や風評被害を振り返りつつ，「コロナ憎んで人を憎まず」「敵はコロナウイルス。いまこそ一丸で助け合おう」と呼びかけている。

■ 授業構成 ■

0　3　6	8	20　23　27	39　42	50(分)
写真提示 ●発問● 避難者への態度？	●発問● 差別が起きるか？ 　説明	●発問● どちらが起きやすい？ ●発問● その理由は？	●発問● 今起きていないか？ 　教材	●発問● 自分を戒める言葉

協働的な学び　設問別に班を構成しての話し合い活動。

■ 本時の授業を中心に見取った評価文の例 ■

　友達から示された差別の構造と自分が気づいた差別の構造を比較しながら，他の差別にも同じような仕組みがあるのではないかと，さらなる学びへの意欲を表していました。

協働的な学びの度合い ●●●●●●●　　授業準備度 ●●●●●●

ねらい

原発事故から避難された方への差別とコロナ禍の差別の構造の類似点を考えることを通して、差別をする側に不安や恐怖、憎悪などの感情があることに気づき、そのような感情を超えて自律をしていくことで、差別のない社会を築くための道徳的判断力を高める。

A 1 ［自主，自律，自由と責任］

準備

・自然災害の写真　提示用
・教材（20ページに掲載）生徒数分

授業の実際（3年で実施）

前半は、自然災害からの避難と、原発事故からの避難で起きる差別を比較しながら進める。

自然災害の報道写真を1枚提示した。多く提示するとそのショック等で思考力が停滞してしまう。そして、「ここ数年は甚大な被害を伴う自然災害が目立っていますね。洪水や暴風雨のニュースが多いなと感じます。学校でも、危険を避けて数日前から休校を決めたこともありましたね」と、数日前の臨時休業を振り返りながら説明した。

近くの生徒同士で、コロナ対策で「前を向いたまま目は横に向けて」、知っている災害や怖い思いをした経験を話し合わせた。

「災害から避難するときは、避難所ばかりでなく、親戚の家などにも避難するケースがあります」と、最近の避難方法に対する考えを説明し、最初の問いをした。

■1 災害から避難してきた人がいたら，受け入れる人はどう対応すると思いますか。

■自然災害からの避難者には優しい気持ちになりやすいことを確認する発問である。

・優しく受け入れる。
・心配してくれる。

ほとんどがこのような意見であった。

■2 避難してきた人に対し，差別やいじめが起きると思いますか。

■自然災害からの避難者には差別があまりない認識を確認する発問である。

起きるか起きないかで挙手させると、全員が「起きない」に挙手した。

理由をたずねると、「大変な思いをしているさなかだから」と、一人の生徒がすぐその場で答えた。風水害や地震などの自然災害からの避難に対して助け合おうとする意識は強いことが確認できた。

「さて、我が国最大の災害は何でしょうか。その一つに、東日本大震災は間違いなく挙げられるでしょう。起きたのは約10年前の2011年3月11日です。大津波が発生し、東北地方から関東地方にかけて、太平洋沿岸に甚大な被害をもたらしました。まさに、未曾有の大災害。また、地震と津波によって原子力発電所で大事故が起き、多くの周辺の人々が避難生活を余儀なくされました。このようななか、被災地からの避難者に対するいじめ等の人権問題が発生しました」と説明した。

どのようないじめ等の差別が起きたか、考えられるものを5つ説明しながら、板書した。

①避難してきた人に対し拒む差別。
②基準を守って農産物などを販売しても避けられる風評被害などの差別。
③放射線に被ばくした人への差別。
④発電所従事者などに対する差別。
⑤発電所所在県のナンバーの車を拒否する差別。

ここで、「原発事故によって避難してきた子どもや一般の住民の方々によって、放射能汚染が広がる危険性がほとんど皆無であることは明らかです」という、当時の日本環境教育学会の会長のメッセージ※の一部を説明した。

■3 自然災害の避難者への差別と，今説明した原発事故からの避難者への差別は，どちらの方が起きやすいと思いますか。

■避難者への差別の構造に迫る発問である。

18

「原発事故の方が多い」に全員が同意した。それを受けて次の問いをした。

❹ 同じ災害でも，自然災害からの避難者に比べ，原発事故からの避難者の方が差別が起きやすいと思ったのはなぜですか。

■差別の本質に迫る発問である。

近くの生徒同士で話し合わせて発表させた。

・自分にうつるかもしれないと思うから。

・放射線に対する，何かよくわからないという気持ち。

・被害が目に見えにくいので，かわいそうだとあまり思われない。

「不安や疑念が現れていますね。このようなときに差別が起きやすいと思うんだね」と教師の方で確認をした。

ここから，コロナ禍の差別との類似性に気づかせる学習に移る。

「このようなことは約10年前の，ある地域だけで起きたことではないよね。今，私たちの周りにも関係することがないかな。どんなことを考えたいですか」と問いかけた。自ら問いをもつ授業づくりの一環である。一人が「コロナ禍での差別が似ている」と発言し，周りも同調した。

「コロナ禍での『避難者』って誰だろう」と投げかけると，「みんな」「世界中の人々」等の声があがった。

これらを受けて次の発問をした。

❺ 先の①〜⑤と同じようなことが，今，コロナ禍のなかで起きていませんか。

■差別構造の類似性を考えさせる発問である。

1列目は①，2列目は②，というように分担し考えさせた。同じ列同士で交流させた。6列目以降の生徒は自由に選択させた。

考えるのにいちばん苦戦していたのは②であった。その列の生徒に「コロナ禍のなかでルールを守って仕事をしていても，文句を言われる職業とかなかったかな」とヒントを与えて導いた。時間が余った生徒には，自分が

分担した差別以外の差別についても考えさせた。そして各列で起立させて発表させ，板書していった。

> ①感染が拡大した地域から帰省した人に「帰ってくるな」とひどいことを言う人がいる。
> ②ルールを守ってお店を営業していても，文句を言う誤解。
> ③検査で陽性になった人への差別。あまり聞かないが，何やってんだという気持ちが起きるのではないか。
> ④医療従事者などに対する差別。
> ⑤感染拡大地域のナンバーの車への差別。駐車場に停めた車が傷つけられたというニュースがあった。犯罪である。

「コロナ禍の差別も原発からの避難者への差別と同じような差別であることがわかりましたね」と確認すると，「コロナ禍での差別以外にも，どの差別も似たようなところがあると思った」という声があがった。

ここで教材「コロナ憎んで人を憎まず」を配付し，範読した。タレントのなすびさんが，東日本大震災後の福島への差別や風評被害を振り返りながら，「コロナ憎んで人を憎まず」と呼びかけている内容である。

❻ 差別を起こさない自分になるための戒めの言葉を10字くらいで考えなさい。

■自分について考えさせる終末の発問である。

・相手の気持ちを考える。

・自分がされたらと考える。

・言葉という凶器はナイフより鋭い。

・自分に厳しく人に優しく。

付箋紙に記入させ，教卓においたA3判の紙に貼らせて授業を終えた。

道徳係の生徒に類別して貼り直させ，教室に掲示した。この活動はタブレットを使用した方法へ変更することも可能である。

※http://www.jsoee.jp/images/stories/
nppandee/accident201110.pdf

「コロナ憎んで人を憎まず」
福島差別を知る男が，感染者バッシングや医療者への偏見を嘆く理由
https://www.buzzfeed.com/jp/ryosukekamba/nasubi3

　　新型コロナウイルスの感染者に対するバッシングが広がり，医療従事者に対する差別も問題化している。

　　福島出身の俳優・タレント，なすびさん（44）は，東日本大震災後の福島への差別や風評被害を振り返りつつ，「コロナ憎んで人を憎まず」「敵はコロナウイルス。いまこそ一丸で助け合おう」と呼びかける。

　　かつて1年3ヶ月にわたって懸賞品だけで生活する「懸賞生活」をやり遂げ，コロナ自粛下でその特異な実体験が改めて注目を集めているなすびさん。

　　被災地を勇気づけるために挑んだエベレスト登頂や，コロナに苦しむ福島の事業者の商品を集めた通販サイトへの思いなどを語った。

避難者いじめ，宿泊拒否…福島が受けた差別

記者：新型コロナウイルス感染者へのバッシングや，医療従事者に対する差別が起こっています。東日本大震災の後，福島に住む人への差別感情や風評被害が広がったことを思い出しました。

　　医療従事者の方への偏見だったり，コロナに感染した方への差別だったりが横行してきているというのは，本当に悲しい話です。

　　おっしゃるように福島の皆さんは，東日本大震災の時に原発事故の影響で差別や区別を受けてきました。福島から避難してきた子が学校でいじめを受ける。福島ナンバーの車に石が投げられる。ホテルへの宿泊を拒否されてしまう…。あってはならないことですが，多かれ少なかれ，直接間接に皆さんが見聞きしているはずです。

　　僕自身も経験があります。震災直後，東京で復興支援のイベントがあって，福島の人たちが農産物を持ち込んで売っていた。「福島のものです。皆さん買ってください」と応援していたら，「なすび！ お前，福島のものを売って責任とれるのか?」と声を掛けてくる方もいたんですね。

　　もちろん，ちゃんと検査して，安心安全なものを持っていっているんですけど，それでもやっぱり福島というだけで「放射線に汚染されてる」「危険なんじゃないか」と思われてしまう。そういうことを間近で経験してきたので，今回の医療従事者への偏見なんかも絶対あってはならないことだと思います。

　　感染者の方だって，別に感染したくてしたわけじゃない。クラスターが発生しているところにあえて行ってしまったことで，良識を問われるケースもなかにはあるのかもしれません。

　　でも，それよりは「コロナ憎んで人を憎まず」。そういう思いで心をひとつにしないと，コロナは撃退できないんじゃないかなと。

【BuzzFeed Japan　神庭亮介】
※ウェブの記事を一部抜粋・変更している。

（熊本県　桃﨑剛寿）

<table>
<tr><td>1年</td></tr>
<tr><td>2年</td></tr>
<tr><td>3年</td></tr>
</table>

苦しい状況を乗り越え一歩前へ

3. Play Hard

感 動	★★★
驚 き	★☆☆
新たな知恵	★★☆
振り返り	★★☆

web
1-3
授業用
パワーポイント

　2020年，新型コロナウイルス感染の懸念をふまえて，史上初となる春夏連続で甲子園中止が決定されました。夢を奪われた高校球児も多くいたなか，前監督から授かった「Play Hard」の精神で，数々の試練や困難を乗り越え，甲子園交流試合に出場した福島県立磐城高校野球部をもとに，勇気や希望をもち，苦しい状況から一歩前へ進めるような授業を創りたいと考えました。

 「Play Hard 特別な夏・磐城 1・2」
毎日新聞　福島版　2020年8月11日・12日付

提供：毎日新聞社

■ 教材の概要 ■

　46年ぶりに出場をつかんだ春の選抜高校野球大会の中止，監督の異動，そして最後の夏までも……野球か受験か，チーム内での思いも1つにまとまらない。磐城高校野球部員たちがさまざまな葛藤を乗り越え，県独自開催の大会や甲子園の代替試合（1試合限定の交流戦）に挑む過程を通して，逆境から立ち直る力について学べる教材である。

■ 授業構成 ■

| 協働的な学び | グループで意見を交流させ，ホワイトボードで提示させる。 |

■ 本時の授業を中心に見取った評価文の例 ■

　困難を自分に課せられた試練として受け止め，自分と周囲のためにも努力し続けていくことが成長につながることに気づき，希望をもってさまざまな困難を乗り越えていきたいと考えていました。

協働的な学びの度合い ●●○○○○　　授業準備度 ●●●○○

ねらい

　直面する困難や試練を乗り越えるためには，それが自分を一段高みに成長させるための試練であるという捉え方が大切であるとの理解をもとに，自分を支えてくれる周囲のさまざまな方々のためにも，自分を奮い立たせ，希望をもって努力していこうとする態度を養う。

　　　　A4［希望と勇気，克己と強い意志］

準備

・教材1　毎日新聞2020年8月11日付「Play Hard 特別な夏・磐城1」説明で使用
・教材2　毎日新聞2020年8月12日付「Play Hard 特別な夏・磐城2」
　（24ページに掲載）生徒数分

授業の実際（3年で実施）

　最初に，「今日は，2020年に中止になってしまった春の選抜高校野球大会（甲子園）に，21世紀枠として選ばれていた福島県立磐城高校の話です」と説明をし，以下を説明した。「3月23日，木村保監督，大場敬介部長，阿部武彦校長が3月末で離任することを選手に伝えます。『最後の最後に大きなプレゼントをくれて，ありがとう』と，選手たちのがんばりに木村監督は感謝の気持ちを伝えます。その1週間後の3月30日，木村監督の最後のノックを，選手たちが懸命に追いかけました。『今日は泣かないと決めたのにな』と照れ笑いをする監督でしたが，目から涙があふれたそうです。その前日，木村監督は，選手一人一人に甲子園で着るはずだったユニホームを手渡し，激励の言葉をかけました。選手たちは新たな目標を設定しました。それは，木村監督，校長，部長の3人を甲子園に連れて行くことでした。4月2日朝，同校野球部OBでもある渡辺純新監督は『俺もお前たちと思いは同じ。3人を甲子園へ連れて行こう』と選手に語りました。岩間涼星主将は，新監督に自分たちの思いを背負わせていいのか，どう伝えればいいのかもわからなかったから，すごく安心したと振り返っています。この日を境に選手たちは『純先生のためにも』と口にするようになったそうです」と，教材1を参考に説明した。

　選抜中止の悔しさをバネに，恩師との別れを乗り越えて新監督のもと夏に向けて再出発したことを確認した後，「しかしこの後，磐城高校にさらなる試練が訪れます。夏の甲子園の中止が発表されたのです」と言った。ここで生徒たちの表情が変わった。続けて「このとき，県独自大会の開催を検討する方針が示されましたが，磐城高校は，県内屈指の進学校であり，野球部の選手たちは夏まで野球を続けるべきか，受験勉強に切り替えるべきか，とても悩んだそうです」と言い，次のような発問をした。

❶ 😠 野球か受験かで悩んだとき，あなたならどちらを選びますか。

　■自分の立場を判断させることで，自分事として考え，教材への関心を高める発問である。

　「野球に対してどれくらい強い思いで取り組んできたかにもよりますが，こういうとき，自分はどちらを選ぶタイプなのか考えてみてください」と言ってネームカードを張らせた。以下のような結果となった。

「野球を続ける」21人
「受験に切り替える」10人
「その他」5人
それぞれの理由を聞いた。
「野球を続ける」
・ずっと夢だった野球をこのまま中途半端に終わらせたくない。
・夏の甲子園が開催されなかったとしても，ここで終わらせるより後悔は残らない。
・このままモヤモヤした気持ちを抱えたままでは，勉強に集中できない。
・今までお世話になった方や支えてくれた人たちのためにも最後まで野球を続ける。
「受験に切り替える」
・夢は大切だけど，現実や将来を考えたら受験に切り替えなければいけない。
・インターハイも中止になって周りが受験

モードになっているなか，自分だけ遅れをとってしまう。
・このまま野球を続ける意味が見いだせない。
・県独自の大会なんて価値があるのか。
「その他」
・突然夢が奪われた喪失感で何も考えられないと思う。
・受験勉強に励もうと思うけど，チームの仲間が野球を続けると言ったら迷う。

　自分の決断を迫られるなか，チームメイトや今までお世話になってきた家族，監督など，さまざまな人の思いもくみつつ，自分が何を大切に生きていきたいと思っているのかを考えることは難しいが，今の時期とても大切な問題であると感じたようであった。

　その後「今も，このクラス内でもそれぞれ自分の大切にしたい生き方があることが見えてきましたが，磐城高校野球部内でもなかなかチームの思いが一つにまとまることは難しかったそうです。そんななか，どのようにして苦しい状況を乗り越えていったのでしょうか」と言って教材2を配付した。

2　(対)　磐城高校野球部員たちは，どのような思いで立ち直っていったのでしょう。
　■教材の中の野球部員たちの思いを想像し，逆境から立ち直る力について考える発問である。
　「前監督が残してくれた『Play Hard』の精神が立ち直る原動力になった」ことは言うまでもないため，その「Play Hard」とはどんなものだと考えるか，どんな思いでその「Play Hard」を体現していったかを考えさせることとした。
　個人で考えさせてから，4人1組のグループをつくり，さまざまな意見を出させた後，ホワイトボードにまとめさせた。
・勉強と野球のどちらかをとるのではなく，どちらも全力で，言い訳をせずに取り組もうという気持ちだったと思う。
・受験勉強や自分の将来はもちろん大切だけど，仲間のために，応援してくれる人に

恩返しするためにがんばることが「Play Hard」。自分だけのためにがんばるのは「Play Hard」ではない。
・夢をかなえることではなくて，結果的にかなわなかったとしても夢を追いかけ続けることが「Play Hard」。交流試合は，夢を追いかけ続けたことに対する神様からのご褒美だと思う。
・苦しい状況でも，前を向いて一歩先に進むことが「Play Hard」。自分のその一歩が周りに元気を与え，勇気づけることになるはず。限界をつくらずに自分を奮い立たせたんだと思う。

　各グループがまとめたホワイトボードに対して，他のグループから共感の声が漏れたり，深くうなずいたりしている様子が見られた。

3　(主)　あなたにとっての「Play Hard」とはどんなことだと思いますか。
　■教材をもとに，自分にあてはめて考えさせる発問である。
　自分にとっての「Play Hard」とは，どんな思いで何をすることか考えさせた。
　「あきらめずに夢を追うこと」や「お世話になっている人のためにがんばること」などの抽象的な意見が予想されたため，「自分の夢とは何か」や「なぜがんばろうと思えるのか」まで具体的に考えてワークシートに書くように指示をした。
・私にとっての「Play Hard」はピアノかなと思います。私は今までピアノを上達させるために，多くの人に支えてもらってきているから，その思いに応えたいと思っています。コロナの状況でも「全力で楽しみながら」やることが私にとっての「Play Hard」だと思いました。

　コロナウイルスの影響で少なからず困難を抱えている生徒たちにも，一歩先に進もうとする力が湧いてくる授業であった。

教材1 「Play Hard 特別な夏・磐城1」
別れと出会いの春を越えて「前監督らを甲子園へ」
同じ思いでチーム一つに／福島　毎日新聞　福島版　2020年8月11日付
https://mainichi.jp/koshien/articles/20200811/ddl/k07/050/058000c

教材2 「Play Hard 特別な夏・磐城2」
進学へ　揺れた3年生　県独自大会V目指し，
再びチームは一丸に／福島　毎日新聞　福島版　2020年8月12日付
https://mainichi.jp/koshien/articles/20200812/ddl/k07/050/018000c

「野球の神様はいないのかなと思った。甲子園は，遠かった」

休校期間中の登校日だった5月25日。磐城の岩間涼星主将（3年）は，グラウンドに集まった報道陣に，ゆっくりと言葉を選ぶように話した。

その5日前，夏の甲子園と地方大会の中止が発表された。高校野球生活の集大成だったはず。「正直苦しかったし，こんな経験はしたくなかった。甲子園は並大抵の努力で行けるような場所じゃない」。その目は真っ赤だった。

中止決定の日，県高野連は独自大会の開催を検討する方針を示した。選手たちの新たな目標になるはずだったが，進学校である磐城は大きな問題に直面した。3年生の数人が，受験勉強に専念するために引退を決意していた。

バラバラになりつつあった3年生を見かね，岩間主将は一人一人に電話した。それぞれの考えを聞くためだ。「みんないろんな複雑な思いがあった。でも最後は，（前監督の）木村保先生が残してくれた『Play Hard』という言葉がみんなを一つにしてくれた。野球も勉強も全力でやってこそ磐高野球部。最後まで自分たちのスタイルを貫こうとまとまった」

副主将の清水真岳選手（3年）は，夏の甲子園の中止が決まった後，「他の部の仲間が受験モードに入った焦りもあった」といい，バットの代わりにペンを握り，1日10時間以上机に向かった。「両方頑張るのは正直難しいが，これまでもやってきたこと。どっちつかずになって言い訳したくなかった」と最後まで野球をやりきることを決めた。

6月8日，待ちに待った部活動の再開。今春入部した1年生も含めて，全学年そろった初めての本格的な練習だ。県独自大会の優勝という目標に向け，再びチーム一丸となり，走り始めた。

朗報が届いたのはその2日後。日本高野連がセンバツ出場32校を招待する「2020年甲子園高校野球交流試合」の開催を発表した。グラウンドで吉田強栄校長から知らせを聞いたナインに対し，渡辺純監督は「高校球児は皆，一度は必ず甲子園を目指す。でもほとんどは甲子園で高校野球を終えることができない。あの場所で高校野球を終えられるなんてお前たち最高だな」と笑顔で語りかけた。

エースの沖政宗投手（3年）は，岩間主将とともに夏の甲子園中止が決まった直後から，県の独自大会開催を信じ，最後までみんなでやりきりたいと主張し続けた一人だ。「甲子園で戦う機会をもらえたことに感謝したい。モチベーションの維持が難しい日々が続いていただけに，とてもうれしい。人生の一ページを残すため，全力で挑みたい」と意気込んだ。

このとき，県独自大会まで約1カ月，甲子園での交流試合まで約2カ月。渡辺監督は「まずは独自大会優勝を目指してやれることをやるだけ。時間は限られているが，ベストパフォーマンスを発揮できるように調整する」と静かに闘志を燃やした。

（愛知県　鈴木賢一）

1年

2年

3年

新型コロナウイルス感染症……できることとは

4. 日常取り戻すため伝えたい

感　動	★★☆
驚　き	★★★
新たな知恵	★★☆
振り返り	★☆☆

web
1-4
授業用
パワーポイント

　新型コロナウイルス感染症の影響は，教育活動にも大きな影響を与えている。学校が臨時休業になったり，さまざまな教育活動の中止や延期を余儀なくされたりしている。生徒は，不安を感じたり，不自由を感じている。そんななかであっても，困っている人に思いをはせたり，少しでもよい方向に向かわせようと努力している人がいる。そんなエピソードを伝えることにより，温かい思いやりの心情を育てるとともに，新型コロナウイルス感染症に向き合っていく力を高めたいと考え，授業を創りました。

教材　「日常取り戻すため伝えたい」　長崎新聞　2020年5月15日付
「『うれしい』励みに　ごみ収集作業員が女児にお礼の手紙」
長崎新聞　2020年5月13日付

■ 教材の概要 ■

　いずれも，新型コロナウイルス感染症にかかる緊急事態宣言が解除されたころの記事である。記者の身の回りで起こった出来事と思いや，女児とごみ収集作業員との心温まる交流が綴られている。教材1については，前半と後半に分けて提示し，教材2の写真や手紙の本文等は，画像で提示した。

■ 授業構成 ■

0　　3　5	10　12	17	22　24	27	38	42	50(分)
提示　教材1前半	●発問●記事について　写真1	●発問●何の写真?	●発問●手紙の経緯　教材2	説明	●発問●学んだことは	教材1後半	●発問●日常を取り戻す力とは

[協働的な学び]　個々で学びとったことを，班で交流させる。

■ 本時の授業を中心に見取った評価文の例 ■

　作業員と女児の心の交流から，新型コロナウイルス感染症対策について考え交流させるなかで，自分も大切なことに気づくことができるようになりたいという意欲を表していました。

協働的な学びの度合い ●● ● ● ● ●　　　授業準備度 ●●● ● ● ●

ねらい

感染症によってさまざまな影響を受けている人がいることを知るとともに，作業員と女児の交流を通して，感染症を乗り越えるためにできることを実行する意欲を育てる。

A４［希望と勇気，克己と強い意志］

準備

・教材１（28ページに掲載）提示用
・教材２（同上）生徒数分
・教材２に関する荒木円愛さんの手紙の写真（右下の写真）提示用

授業の実際（3年で実施）

次の言葉を提示した。
・つまんない　　・眠い　　・だるい
・ひま　　・部活したい
・面倒くさい　　・友達としゃべりたい
「臨時休業中の生徒の感想です」と答えると，「そうだった」との声が多く聞かれた。「みんながそう思っていた頃，こんな新聞記事がありました」といって教材１の前半部分を示した。

■1 この記事が伝えたいことは，どんなことでしょうか。
■教材への興味を高める発問である。
・感染症の影響で困っている人がいる。
・感染症の影響で寂しい思いをしている人がいる。

家族が営業停止のため仕事に行けないとか，医療従事者のため緊張した生活をしているなど，家族の状況について発言する生徒も見られた。しばらく，その発言を受け止める時間とした。

その後，右の写真（円愛さんの手紙の

一部）を示した。

■2 この写真を見て気づいたことは何ですか。
■教材への興味を高める発問である。
・小さな子どもが描いた絵
・「ありがとうございます」という感謝の言葉が書かれている。
・左の袋は何？

生徒の疑問を受け止めながら，この絵を描いたのは，小学３年の荒木円愛さんであると紹介した。
そして手紙を持っている円愛さんの写真を見せ，「彼女が持っている手紙には，こんなことが書かれていました」といって，次の文を示した。

> ゴミをあつめるおじちゃんです。
> おてがみありがとうございます。はげみになってすごくうれしいです。（後略）

「この女の子は，どんな手紙を書いたのでしょうか」といって，手紙を示した。

荒木円愛さんが作業員に贈った手紙©長崎新聞社

■3 ❀ 円愛さんは，なぜ手紙を書くことを思いついたのでしょうか。
■手紙の交流の経緯を想像させる発問である。

いろいろな視点からの意見が出ることが予想される。しっかりと受け止めたい。

・ごみ集めの方に，お礼の気持ちを伝えたかったから。

・ごみ集めの方が，ごみを集めてくださっていることを知ったから。

・ごみを集める仕事には，新型コロナウイルスに感染する危険性が高いことを知ったから。

・新型コロナウイルス感染症への感染の危険がありながら，ごみを集めてもらっていることを知ったから。

話し合いのなかで，「円愛さんは，どうしてこのようなことを知ったのだろうか」と話題になっていた。「誰かが教えたのではないか」などという意見が出されていた。

ここで，教材2の全文を配付した。

また「環境省からは，ごみの処理について次のようなメッセージが出されています。概要を説明します」といって，次の内容を補足した。

> 新型コロナウイルスなどの感染症に感染した方やその疑いのある方などがご家庭にいらっしゃる場合，鼻水等が付着したマスクやティッシュ等のごみを捨てる際は，「ごみに直接触れない」「ごみ袋はしっかりしばって封をする」そして「ごみを捨てた後は手を洗う」ことを心がけましょう。
>
> 『ごみの捨て方』に沿っていただくことにより，ご家族だけでなく，皆様が出したごみを扱う市町村の職員や廃棄物処理業者の方にとっても，新型コロナウイルスやインフルエンザウイルスなどの感染症対策として有効です。
>
> 環境省「新型コロナウイルスなどの感染症対策としての
> ご家庭でのマスク等の捨て方」より一部抜粋

新型コロナウイルス感染症対策として，手洗い，消毒，マスクの着用などについては生徒も知っていたが，ごみの処理についてまでは，考えが至っていなかったようである。

4 🈯2人の手紙のやりとりから学んだこととは何でしょうか。

■不便なことや不自由なことばかりを考えずに，前向きに考えさせるための発問である。

個々で学びとったことを班で交流させた。

・思いやりの心をもつことが大切だ。

・新型コロナウイルス感染症のため，いろいろな人が影響を受けていることを知ることは大切だ。

・誰もがつらい思いをしているので，助け合うことができないかを考えることが大切だ。

・ごみのことに気づき，円愛さんに伝えたお母さんはすごい。こんなことにも気づける人になりたい。

このように，「円愛さんは，どうしてこのようなことを知ったのだろうか」を確認した生徒がいた。

「最初に紹介した赤ちゃんとお母さんは，どうなったのでしょうか」と問いながら，教材1の後半部分を示した。少し，ほっとした様子が感じられた。記事の中にある「コロナの影響を『我が事』として感じてもらい，一人一人の心掛けが日常を取り戻す力になると伝えたい」というコメントを強調した。

5 「日常を取り戻す力」になることとは，どんなことでしょうか。

■日々の生活を見直させたり，新たな実践につなげるための発問である。

じっくりと時間をとって考えさせた。

・不便さ，不自由さばかりを考えないこと。

・感染症対策を実行すること。

・感染症対策のなか，がんばっている人がいることを知り，応援すること。

発問**4**，**5**で，生徒の思いにふれているので，あえて感想を求めずに授業を終えた。後日，新型コロナウイルス感染症対策に取り組む方への応援メッセージ作成の活動につなげることができた。

教材1 「日常取り戻すため伝えたい」 長崎新聞 2020年5月15日付

日常取り戻すため伝えたい

嘉村　友里恵　（佐世保支社）

取材途中に立ち寄った佐世保市内の公園で、川を挟んだ病院に向かって、子どもを抱え上げている男の人を見掛けた。恐る恐る事情を尋ねると、その人は言った。病院にはがんで入院中の父親がいる。でも今は面会できない。「孫の姿を見て少しでも明るい気持ちになれば」と。

福岡で暮らす友人は、3月に出産したが、今も赤ちゃんは新生児集中治療室にいる。緊急事態宣言の発令で母娘の面会は制限。入室時の検温を超え、病院への立ち入りがしばらくできなくなった。「母親として必要ないと言われているみたい…」。電話越しの声は震えていた。

新型コロナウイルス感染症の収束がなかなか見通せない。暮らしに窮屈さが漂い続ける中、大切な人に会えず、静かに耐えたり、どうにかして大切な人に寄り添おうとしたりしている人たちがいる。そんな人たちの姿や思いを丁寧に伝えたい。コロナの影響を「我が事」として感じてもらい、一人一人の心掛けが日常を取り戻す力になると思う。

「会えた！」。先日、少し眠たげな赤ちゃんの写真が友人から届いた。「当たり前」は一つ一つ戻ってくる。そう信じている。

※「母親として…電話越しの声は震えていた。」までを前半とした。

教材2　「うれしい」励みに ごみ収集作業員が女児にお礼の手紙

「ゴミをあつめるおじちゃんです。おてがみありがとうございます。はげみになってすごくうれしいです」―。こうつづられた手紙が今月8日，長崎県南島原市立有家小3年の荒木円愛（まどあ）さん（8）＝同市有家町＝の自宅ポストに投函（とうかん）されていた。

新型コロナウイルスの感染拡大が続く中，家庭から出されるごみ袋に，収集にあたる作業員への感謝のメッセージが添えられるケースが全国で相次いでいる。今回は女児の手紙に匿名の作業員が返信した。円愛さんは「気持ちが届いてうれしい」と喜んでいる。

「ゴミをあつめてくださる方へ　コロナでたいへんな中で　ゴミをもっていってくださり　おしごとありがとうございます。これからもおねがいします」

母桃子さん（45）から一連の出来事を伝え聞いた円愛さんは，自宅から出たごみ袋に感謝のメッセージにイラストを添えた便せんを貼り付けて今月1日，自宅前に置いた。翌週の8日にもごみ袋に同様の手紙とマスクを添えた。

8日昼すぎ，桃子さんがポストを開いたところ便せんを確認。手紙は匿名で，円愛さんへの感謝の言葉がつづられていた。桃子さんは「返事が来ると思っていなかった。娘にとって一生の宝物。娘の気持ちに応えてくれた作業員の方に感謝したい」とお礼。円愛さんは「これからも私たちのためにお仕事頑張ってください」とエールを送った。

市環境水道部によると，市民から収集作業への感謝の手紙は初めて。担当者は「家庭ごみの量は例年と変わらないが，作業員は感染対策として，マスクと手袋の使用を徹底している。手紙は作業員の励みになり，うれしい」と話している。

2020/5/13 00:16（JST）5/13 17:40（JST）updated ©株式会社長崎新聞社

（長崎県　緒方　茂）

感　動	★★☆		

1年

2年

3年

持続可能な未来を切り拓くアイデアの力

5.コロナと闘う新たな衛生ソリューション

感　動	★★☆
驚　き	★★☆
新たな知恵	★★★
振り返り	★☆☆

web
1-5
授業用
パワーポイント

　17あるSDGsのうちの6番目,「安全な水とトイレを世界中に」の達成のために活躍している エンジニア兼デザイナーの石山大吾さん。彼が携わった簡易式トイレ「SATO」は,開発途上国の衛生環境の改善に大きく貢献しました。コロナ禍のなか,彼のアイデアの力は再度輝きを放っています。「SATO Tap」という水道がなくても使える低価格の手洗いステーションを考案したのです。彼の姿を通して,試行錯誤して工夫することの大切さや,誰かのために働くことの大切さを伝えたいと思い,この授業を創りました。

教材

『国谷裕子とチャレンジ! 未来のためのSDGs
①「人間」に関するゴール』国谷裕子：監修　文溪堂
「SATO Tap：新しい衛生ソリューションで手洗い
をすべての人に」株式会社LIXIL ウェブサイト

■ 教材の概要 ■

　感染症対策に重要な衛生環境。石山大吾さんが手掛けた簡易式トイレシステムと手洗いステーションは,現実的で力強い改善策の一つである。彼自身が,新型コロナウイルス感染を乗り越えたからこそひらめいたアイデアといえる。SATO Tapは2020年9月からインドで生産を開始。驚くべきスピード感ですすんでいる。

■ 授業構成 ■

0	3	8	12	16	21		36	39	45	50(分)
●クイズ的発問●	●発問●	●資料●	●発問●	●クイズ的発問●	●発問●		動画	●発問●	振り返り	
現状の説明	どんな困りごと?	成果説明	現地のことは現地?	資料	どんな特徴?			考案できた理由は?		

協働的な学び　ホワイトボードを活用し,アイデアを出し合う活動を行う。

■ 本時の授業を中心に見取った評価文の例 ■

　石山大吾さんの生き方から学ぶ授業では,「誰かが困っていたら他人事のように捉えず,相手の立場に立って考え行動できる人になりたい」と記述し,想いを行動に移す大切さを再確認していました。

協働的な学びの度合い ●●●－－－　　授業準備度 ●●●－－－

ねらい

　石山大吾さんの生き方を通して，新しいものを生み出すには，現状を分析し，めざすゴールやさまざまなニーズを明確に把握することが大切であるということを知るとともに，困難に出合っても，工夫とアイデアの力で新たな解決策を見いだそうとする態度を育てる。

　　　　　　　　　Ａ５［真理の探究，創造］

準備

・教材１・教材２（32ページに掲載）生徒数分
・ミニホワイトボード
・動画（32ページにURLを掲載）

授業の実際（3年で実施）

　「総合的な学習の時間でSDGsについての研究を進めているところですが，今日はその６番目についての話題で１つの例を挙げるので，みんなで考えてみましょう」と話し，Goalsの６番とターゲットの6.2をパワーポイントで示した後，世界の現状を短時間で把握するため，３択のクイズを出した。

> 適切なトイレが使えない人の割合は？
> ①約８人に１人（12%）
> ②約５人に１人（20%）
> ③約３人に１人（32%）
>
> 『図解でわかる　14歳からの水と環境問題』
> ：インフォビジュアル研究所（太田出版）p.24〜25より
>
> （正解は３番。２番に多くの手が挙がった）

　「世界の学校の３分の１には適切なトイレがなく，世界の中学校の８分の１にはトイレそのものがない。トイレ環境等が原因で亡くなる５歳未満の子どもは世界で毎日約700人います」と端的に伝えると，生徒は真剣な表情で話を聞いていた。

１ もしトイレがなかったら，どんな困り事が起こるでしょうか。想像して

みましょう。
■ 題材への関心を高めるための発問である。
　「箇条書きで１人３つ以上思いつく限りどんどん書いてみよう」と促した。

　・悪臭。　　　・不衛生な街になる。
　・伝染病・感染症にかかりやすくなる。
　・我慢が大変で病気になる。
　・プライバシーが守られない。
　・恥ずかしい。
　・人目を気にしないといけない。
　・川などの水質汚染。
　・虫。　　　・治安が悪くなる。

　「そんななか，トイレの普及に尽力した日本人がいます。LIXILという会社の石山大吾さんという人です。SATO（Safe Toilet の略）というトイレを開発し成果を上げています」と写真を見せて紹介し，教材１を範読した。イメージを明確にするため，SATOの紹介動画（１分ほど）を見せた。

　「石山さんたちはこういう考え方を大切にしているそうです」と話し，最初「現地」という２文字を隠した状態から数秒間考えさせてから２文字を開け，以下の発問をした。

２ 「現地のニーズは現地でないと本当は分からない」という考え方が大切なのはなぜでしょうか。
■ この支援が持続可能なものになるにはどうしたらよいかを考えさせる発問である。
　難しい発問かとも思ったが，意外にもすんなりと意見を書いていた生徒が多かった。

　・日本を基準にすると現地の人が何を求めているかわからないから。
　・実際に問題に向き合っている人たちの視線にならなければ，大事なポイントが抜けてしまうかもしれないから。
　・実際に五感で感じてみないとどのようなものを必要としているかわからないし，役に立たないものだと無駄になってしまうから。

　「石山さんはバングラデシュで３週間ほど

現地調査を実施してSATOを開発。SATOを普及するために，地域社会やNGOと協力し，トイレを設置するメリットを理解して利用してもらえるよう，現地の人々を促してきました。その成果もあり，屋外排泄は激減しているそうです。では，トイレが設置されたら，次に必要なのは，ウイルス対策としても重要な……」と間を取り，反応を待つと，3人目で「手洗い！」と声があがったので話を進め，もう一度クイズを出した。

家庭で手洗いできない人の割合は？
①約20%（約15億人）
②約30%（約22.5億人）
③約40%（約30億人）

（公財）日本ユニセフ協会ホームページより
https://www.unicef.or.jp/about_unicef/
about_act01_03_handwashing.html

（正解は3番。これも2番が多かった）

■世界の現状を把握させる発問である。

「この状況で石山さんが発明したもう1つの画期的な商品。それがSATO Tapという手洗いステーションです。この開発の物語を読みますね」と教材2を配付し，範読した後，ミニホワイトボードを配付し，発問をした。

3 🈦 SATO Tapの特徴・長所を考えてみましょう。3，4人の班で，できるだけたくさんの意見を出し合いましょう。

■「現地の人の手洗い」に必要な条件を考えさせるための発問である。

泥水をろ過する装置を考えていた班がいくつかあった。黒板にミニホワイトボードを張ってシェアリングを行った。

そして，こうまとめを行った。

「持続可能」にするには
①効果が高い
②安価
③簡単
④現地で　つくる　売る　使う

「利益を生むことが大切」という意見をミニホワイトボードに書いていた班があったので，そこを取り上げて，「寄付では続かない。現地の人が作って売って，現地の人が使ってこそ，続いていくんだね。それが現地の人の雇用にもつながるんだね」と説明した。

そして，SATO Tapの使い方を紹介する10秒ほどの動画を見せると，「そんなに簡単なんだー」と歓声があがった。続いて，石山さんによるSATO Tapの説明動画を視聴させ，次の発問をした。

4 🈭 石山さんがこのSATO Tapをたった数週間で考案できたのはどうしてだろう。どんな思いで製作にあたっていたのだと思いますか。

■相手がいてこその開発者。石山さんの状況と彼の想いに共感させつつ考えさせる発問である。

生徒は，彼自身が新型コロナウイルスにかかったからこそ，少しでも早く，多くの人を救いたいと強く感じたのではないかという意見を多くもっていた。いくつか他の見方での意見もあったので，シェアをした。

・日常生活のなかで常にアイデアを得ようと注意深く周りを見ていたから。
・SATOの開発で自信をもっていたから。
・部屋に隔離されていたため1人で集中して製作に没頭できたから。

●授業の感想の例

・自分も将来人の役に立てるような仕事がしたい。具体的な目標をもっているとアイデアを出せるのだと思う。
・何気ないことから「創造」することは世界を救うことになるかもしれないと感じた。
・主体性の大切さがわかりました。現地に行ったりコロナにかかってもそのなかでニーズを見つけたり。悲観せず，自分にできることを考えることが成功の秘けつだと思いました。

教材1 「簡易トイレを世界にとどける──株式会社LIXIL」

『国谷裕子とチャレンジ! 未来のためのSDGs ①「人間」に関するゴール』国谷裕子:監修 文渓堂 より

　水まわり製品と建材製品を製造・販売する日本の企業LIXIL（リクシル）は，安全で清潔なトイレが使えない地域向けに，簡易式トイレシステム「SATO」を開発しました。SATOは，子どもにも安全に使え，かんたんに洗浄でき，地域によって異なるニーズや生活様式にも合わせられるように設計されています。最低2ドルで買うことができるSATOは，2013年に初めてバングラデッシュで販売開始されて以降，これまでに25か国以上に向けて，およそ250万台出荷されてきました（2019年3月現在）。2018年，LIXILと国連児童基金（ユニセフ）は，開発途上国の衛生課題の解決をめざす「Make a Splash! みんなにトイレを」と名づけたグローバル・パートナーシップを結びました。

教材2 「SATO Tap：新しい衛生ソリューションで手洗いをすべての人に」

株式会社LIXILホームページより一部授業者（松元）により抜粋　https://www.lixil.co.jp/jp/stories/stories_19/

　多くの画期的なアイディアは，ひょんなことから生まれるものです。お風呂で6歳になる息子が，プラスチックのおもちゃからもう一つのおもちゃに水を移動させて遊んでいるのを見ていたChief Engineer and Marketing Officer, SATOの石山大吾は，あることを思いついたのです。

　新型コロナウイルス感染症（COVID-19）の世界的な感染拡大防止策として，手洗いが有効な手段であることは言うまでもありません。しかし，こまめに手を洗うことすら困難な状況にある貧困層の人びとは，世界に大勢いるといわれています。石山は，このような人びとを救うことができる手洗いソリューションを思いつき，数週間足らずでSATO Tapを考案しました。しかしそのプロセスは，一筋縄ではいかなかったと石山は言います。米・ニュージャージー州にある自宅のガレージと地下室で，5つの設計案を考え，試作品を作り，テストを行うという試行錯誤を重ねました。

　実は，石山自身も3月にCOVID-19に感染し，心身ともにストレスを感じながら，このウイルスと闘ってきたのです。開発途上国向け簡易式トイレシステム「SATO」の事業に携わってきた石山は，家族へのウイルス感染を防ぐため部屋に隔離された生活を送りながら，事業を展開している地域がCOVID-19による大打撃を受け，手洗いができない数多くの人びとがいるというニュースを目にしました。6月初旬の時点で，世界中で670万人近くが感染していると診断され，40万人近くが死亡している中で，石山が無事回復できたことは不幸中の幸いでした。

　LIXILは開発途上国向け簡易式トイレシステムSATOを提供していますが，その製品開発に携わったのは他ならぬ石山でした。納得できるような手洗いソリューションを考案することは他人事ではなかった，と彼は言います。「先進国では衛生環境が整備され，当たり前のように水やトイレ，手洗い設備を使うことができます。これらは人びとが生きていくために欠かせないものですが，それは開発途上国においてもまったく同じであるはずです。」

　石山は続けます。「COVID-19が世界中で猛威を振るう中，手洗いの重要性が叫ばれています。一方で，水や石けんが簡単には手に入らず，効果的な手洗いの習慣がない地域もあるという不平等な世界の現実が露呈したといえます。」ユニセフによると，世界人口の40％が家庭で基本的な手洗い設備を利用できない状況にあります。

　「現地のニーズを理解し，方向性を定め，製品開発に役立つ情報を共有しあいながら，チーム一丸となって取り組みました」と石山は言います。

提示した動画（いずれもなくても可）

・SATOの紹介動画（「SATO Flex Pan Toilet」）
　https://www.youtube.com/watch?v=OJW6K34NDZ4
・SATO Tapの使い方動画（「LIXIL手洗い器「SATO Tap」使い方」）
　https://www.youtube.com/watch?v=Qf_NMU7Rs4Q
・石山さんによるSATO Tapの説明動画「Daigo Ishiyama Talks About the SATO Tap」
　https://www.youtube.com/watch?v=bqJsTq54Ezo

（栃木県　松元光昭）

1年
2年
3年

感謝の伝え方と心構え

6. 感謝を表す上で大切なこと

感　動	★★★
驚　き	★☆☆
新たな知恵	★★☆
振り返り	★★☆

web
1-6
授業用
パワーポイント

コロナ禍のなかで「医療従事者へ感謝しよう」という言葉をよく耳にします。病気と闘う最前線に立つ医療従事者に敬意を払うのは当たり前のことですが，よく考えるといろいろな疑問があります。そのことを考えることは感謝の意味を考える機会になる。そう考えてこの授業を創りました。

教材　インターネット上にある「医療従事者への感謝」を伝えるメッセージ（写真や記事など）

■ 教材の概要 ■

タブレットツールを使うことで，インターネット上にある「医療従事者への感謝」を伝えるメッセージをできるだけ多く調べさせ，コロナ禍のなかでさまざまな形の感謝の表し方があることを考えさせることができる。心の中で感謝をすることの大切さだけではなく，感謝を伝える際に大切なことも考えさせ，感謝の意味について改めて問い直す。

■ 授業構成 ■

● 活動 ● 伝えられた「ありがとう」伝えたい「ありがとう」
● 発問 ● あなたが伝えたい感謝の気持ちは？

0	7	19	24	32	40	46	50(分)
● 活動 ● 「医療従事者へ感謝を」について調べる	● 発問 ● 疑問はないか	● 発問 ● どのような問いができるか？	● 発問 ● 医療従事者の大変な面？	● 発問 ● なぜ伝えなければならない？	● 発問 ● 感謝を伝えるのに大切なこととは？		

協働的な学び　主体的に課題をつくりだすため，班活動とICT機器を活用する。

■ 本時の授業を中心に見取った評価文の例 ■

よく自分を見つめる姿がありました。感謝の意味を考える授業では，感謝を行動に表すことの利点に気づくだけでなく，その裏には，本当に感謝する思いをもつことが必要だと気づき，自分もそうありたいと考えていました。

協働的な学びの度合い ●●●○○○　　授業準備度 ●●○○○○

ねらい

「医療従事者へ感謝を」という言葉から感謝について考えることを通して,感謝を伝える上で大切なことを多面的・多角的に理解し,主体的に考えていこうとする態度を養う。

B6［思いやり,感謝］

準備

・ワークシート（36ページに掲載）生徒数分
・タブレット（ロイロノート・スクールがインストールしてあるもの）

授業の実際（2年で実施）

「コロナ禍において,医療従事者という言葉をよく聞くようになりました。それまでは使っていない言葉だったと思います。医師,歯科医師,薬剤師,保健師,助産師,看護師等を指します」と説明した。

「さて,この言葉をよく耳にしませんか」と,次を板書した。

医療従事者に感謝を伝えよう

タブレットを配付し,この言葉についてインターネットで調べるよう指示をした。2分検索させた。そして自分が知った情報を隣同士で2分話し合わせた。

・寄せ書きの画像がヒットした。
・レストランのシェフが料理を届ける。
・自衛隊のブルーインパルスがアクロバット飛行をした。
・地域で一斉にする所がある。
・青の光で表現する国もある。
・駅の掲示板で交流がある。
・寄せ書きを学校が贈ったりする。

「とても良いことですね。悪いと思う人はいませんか」と尋ねるが誰も手を挙げなかった。そこで,「そこを今日は突っ込んで考えよう」と言って,次の問いをした。

1 🈯 **この言葉に何か疑問を感じませんか。**

■誰も反論できないような言葉のなかに疑問を見いださせる発問である。

4人班で話し合わせて,9人の代表にロイロノートに記入させた。各班,色を変えてどの班の発表かわかるようにした。

9つの意見を,生徒と「これとこれは同じかな」と言いながら重ねていき,まとめると以下のようになった。

①皆が本当に感謝を伝えたいと思っているのか。
②当たり前すぎて,なぜわざわざ言わなければならないのか。
③なぜ医療従事者限定なのか。
④伝えなくても,心に強く思うだけではいけないのか。
⑤他にも感謝しないといけない人はいるのではないか。
⑥医療従事者の方はどのような苦労をされているのか。

「今日は皆が思ったこれらの疑問について考える授業です」と説明し,次の問いをした。

2 **これらの疑問から,どのような問いが生まれるでしょうか。**

■主体的に思考する態度を育てる発問である。

関連する疑問を生徒に意見を求めながら結びつけていった。

⑥はそのまま「医療従事者の方はどのような大変な思いをされているだろう」（A）としてまとめた。これをAにして最初の問いにしたのは,本授業が医療従事者へ感謝の気持ちを生徒がもっていることが前提であり,さらに先のことを考えさせたかったからである。

③と⑤から「医療従事者だけでなく感謝を伝えたい人にはどのような人がいるだろう」（B）としてまとめた。

②と④から「感謝の気持ちをもつだけでなく,なぜ伝えなければならないのだろうか」（C）としてまとめた。

①は「感謝を伝えるときに大切なことは何だろう」（D）とした。

Aを共通課題として最初に把握し，その上でB〜Dの３つの課題を先の４人班に割り振って考えるよう説明した。

❸医療従事者の方はどのような大変な思いをされているだろう。（A）
■医療従事者への感謝という，最初に共通理解したいことを確認する発問である。

隣とペアトークさせた後，挙手による発表を求めると５人が発表した。

・別の症状で通院してきた人でも実は感染しているかもしれない。
・病院でのクラスターの発生がないように心がけている。
・感染する危険があるなかで，感染者の命を救わなければならないから。
・実際に退院した人がとても感謝しているから，相当なことをしているはず。
・家にも帰れない人がいると聞いた。

「さすが３年生，よく知っていますね。関心が高いね」と評価した。

❹医療従事者だけでなく感謝を伝えたい人にはどのような人がいるだろう。（B）
■言われたから感謝するのではなく，感謝すべき相手を考えさせる発問である。

ペアトークをさせてから挙手による発表をさせた。

・保健所の方。感染の経路を調べたり検査の手続きをしてくれる。
・親の会社の人。親や子どものことまで考えて出勤しなくていいようにしている。
・部活動の後輩。絶対にうつしてはいけないからと言って，練習の手伝いに来なくていいと言ってくれる。
・学校の先生。マスクのことや換気にとても気をつけている。
・自衛隊。クラスターが起きたときに派遣されて活躍し，そこの知事が感謝していた。

❺ 感謝の気持ちをもつだけでなく，なぜ伝えなければならないのだろうか。（C）

■感謝の気持ちを伝えることはどういうことかを深く考えさせる発問である。

ペアトークをさせてから挙手による発表をさせた。発表者は少なく２人だけであった。

・やはり気持ちは，伝えようと何か行動しないと，気づかずにわかってもらえないから。
・伝えるのに大変なことをしなくても，ささやかなことでいいのでするといい。

途中で「伝えるのが苦手な人もいると思う。伝えなければならないというとちょっとつらいのではないか」という，問いに対する疑問の意見が出た。そこでペアトークさせると，他の生徒が「無理はいけないよね」「そういう人は思うだけでもいいんじゃないか」「他の人がするのに乗っかる」「苦手な人は，得意な人が誘う」などと言った。

❻ 感謝を伝えるときに大切なことは何だろう。（D）

■本時で考えたことを総括して，ねらいに迫る発問である。

ペアトークをさせてから挙手による発表をさせた。

・感謝するよう言われたからなんとなく表すのでなく，相手がしてくれたいろいろなことに気づいて相手のことを本当に感謝している気持ちをもっていること。
・感謝を伝えたい相手は誰なのか，意識して考えて，感謝の気持ちをまずもつこと。
・どう伝えたら相手が喜んでもらえるのかを考えること。手紙だけでなく，心がこもったプレゼントや送る側の特技を生かしたような方法も考える。

❼ あなたが伝えたい感謝の気持ちにはどのようなものがありますか。

■本時の学習を自分に振り返って考えさせる発問である。

「誰へどんなことで感謝している。伝えられたor伝えられていない」で考えさせた。

いくつか考えることができた生徒もいた。家族のこと，友達のこと，学校や習い事の先生のこと，好きな芸能人や漫画家のことなど多岐にわたっていた。

＿＿＿月＿＿＿日　年　組　番 名前 ＿＿＿＿＿＿＿＿＿＿＿

◇ 感謝を表す上で大切なこと

医療従事者に（　　　　　　　　　　　　　　　）

○この言葉に何か疑問を感じませんか。

○これらの疑問から，どのような問いが生まれるでしょうか。

○あなたが伝えたい感謝の気持ちには，どのようなものがありますか。

　①誰（　　　　　　　　　　　　）へ
　　　どんなこと（　　　　　　　　　　　　　　　　）で感謝している。
　　　　　　　　　　　　　（　伝えられた　or　伝えられていない　）

　②誰（　　　　　　　　　　　　）へ
　　　どんなこと（　　　　　　　　　　　　　　　　）で感謝している。
　　　　　　　　　　　　　（　伝えられた　or　伝えられていない　）

（熊本県　桃﨑剛寿）

1年	コロナ禍における "新たな心遣い"
2年	# 7. マスク時代の新接客術
3年	

感　動	★★☆
驚　き	★☆☆
新たな知恵	★★★
振り返り	★★☆

web
1-7
授業用
パワーポイント

　今までの接客業は「マスクをしたまま接客するのは，よほど体調が悪い証拠。そのような店員に接客させるのは客に失礼」という考えでしたが，新型コロナウイルスの影響で状況が一変し，「マスクをすることが客への心遣い」となりました。しかし，マスクを着用しての接客にはデメリットもあります。そのデメリットを少しでも改善できるようにと，各社工夫を凝らした取り組みをしているところに感動し，授業を創りました。

 教材 「マスク時代の新接客術」
東京新聞　朝刊　2020年7月6日付

■ 教材の概要 ■

　接客の現場では「マスク着用こそ客への心遣い」と捉え，マスクを着けていても表情が伝わるように，声が届けやすいようにと，工夫を凝らしている人たちがいる。感染症対策と気持ちのよい接客を両立するために取り組んでいる "新たな心遣い" を新聞記事から学び，自分たちにもできる "新たな心遣い" について考えることができる教材である。

■ 授業構成 ■

0　2	5　7	10	13	23	38	45	50(分)
写真①②	●発問● 気づいたことは？	冒頭部分	●発問● どんな接客術？	教材	●発問● どんな新接客術が紹介されていた？	●発問● 新しい心遣いとは？	●発問● 自分にはどんなことができそう？	本時の振り返り

協働的な学び　グループでの意見交流を取り入れ，考えを深められるようにする。

■ 本時の授業を中心に見取った評価文の例 ■

　マスク時代の新接客術を知り，人と接するときの自分を振り返りながら，自分にできる新たな心遣いは何かを考えることができました。

協働的な学びの度合い ●●●○○○　　授業準備度 ●●○○○

ねらい

　マスクを着用していても気持ちよい接客ができるように工夫している会社の取り組みを知り，人と接するときの"新たな心遣い"について考え，礼儀を尽くすことを実行しようとする意欲を高める。

B7 [礼儀]

準備

・教材（40ページに掲載）生徒数分

授業の実際（2年で実施）

　授業の開始と同時に，新聞記事にある2枚の写真を提示した。

写真①　開店前にマスク姿で笑顔のトレーニングをする従業員
　　　　（名古屋の名鉄百貨店本店にて）

提供：中日新聞社東京本社

写真②　マスク姿でホームに立ち安全確認をする小嶋さん

提供：JR東海

　「何の写真だろう？」と生徒たちの興味関心が高まったところで，次の発問をした。

■1 この2枚の写真を見て，気づいたこと，はてなと思ったことは何ですか。
　■教材への興味を高める発問である。

　近くの人と気づきやはてなと思ったことを共有した後，列ごとに指名し，意見を聞いた。すると「駅員さんが指をさしている」「何に向かって指をさしているのか気になった」「女の人が鏡を見ている」「なぜ，鏡を見ているのだろうと思った」「みんなマスクをつけている」と言った気づきや疑問が出た。今はマスクをつけていることが当たり前になってきているので，マスクに注目した意見が出たときには「よく気づきましたね。実は，この写真はこんな新聞記事に使われていた写真です」と言って，記事の見出しにある

> マスク時代の新接客術

という言葉と，教材の新聞記事の冒頭部分の内容を紹介する。

> 　接客の現場では，これまでタブーとされてきたマスク。しかし，新型コロナウイルスの感染拡大防止のため，今ではすっかり定着した。声が通りにくい，表情で伝える情報が減るといったデメリットもある中，現場では「マスク着用こそ客への心遣い」ととらえ，新たな接客の在り方を模索している。

■2 "マスク時代の新接客術"とは，どんな接客術なのでしょうか。
　■教材への興味を高める発問である。

　近くの人と予想させた後，列ごとに指名した。すると「マスク越しでもしっかりと聞こえるようにはっきりしゃべる」「マスクがあっても笑顔が伝わるようにする」「身振り手振りで伝えられるように，オーバーアクションする」などの予想が出てきたところで，教材の新聞記事を配付した。記事を読み終わった後，次の発問をした。

❸ どんな"新接客術"が紹介されていましたか。

■記事の内容を全体で確認する発問である。

近くの人と確認する時間を設けた後，何人かを指名し，どんな"新接客術"が紹介されていたのかを全体で確認した。

・笑顔トレーニングをして，目元だけでも笑顔が伝わるようにしている。
・通常より，ゆっくり，はっきり，丁寧に話すように心がける。
・お客さんの声のトーンや身振りに注意を払っている。
・着る服と同じように，相手に不快感を与えないよう，マスクの色を選ぶ。

と言った意見が出てきた。意見が出てくるなかで，実際に「笑顔トレーニング」をペアで取り組ませたり，「ゆっくり，はっきり，丁寧に」を意識した場合と意識しなかった場合で発言させたりと，記事で紹介されている取り組みを実演させながら内容を確認した。

意見が出尽くしたところで，

> 新たな心遣い

と板書して，次の発問をした。

❹ 🗣 各社の取り組みから学べる"新たな心遣い"とは，どんな心遣いでしょうか。

■記事から学べたことを，自分の言葉でまとめさせる発問である。

ノートに自分の学びを書かせた後，グループで意見交流をさせた。その後，グループで出た意見のなかからみんなに紹介したい意見を1つ以上選ばせ，グループで1人ずつ発表させた。

・マスクをつけていても笑顔が伝わるように，目尻を下げて大げさに笑顔をつくるなど，表情のつくり方を工夫する。
・声のトーンや話し方を工夫し，相手に伝わりやすいように声を届ける。
・マスクをつけているというデメリットを少しでも減らそうと，相手のことを考え

た接し方を実践する。
・お客さんに気持ちよく買い物を楽しんでもらえるように，その時代に合った接客方法を考える。

と言った意見が出てきた。全部のグループから意見を出させたところで，次の発問をした。

❺ 🗣 自分にもできそうな"新たな心遣い"はありますか。

■自分事として捉えさせるための発問である。

自分にもできそうな"新たな心遣い"をノートに書かせる。その際に，具体的な場面を想像しながら考えることができるよう，

　○授業中の"新たな心遣い"
　○放課後の"新たな心遣い"
　○給食中の"新たな心遣い"

など，さまざまな場面を提示した。ノートに自分の考えを書かせた後，全体で共有すると，次のような意見が出た。

・授業中の発言でマスク越しでもみんなに聞こえるように，いつも以上にゆっくり・はっきり発言する。
・誰かの意見を聞いたとき，相手に自分の反応が伝わりやすいように，いつもより大きくうなずいたり，身振り手振りで反応したりする。
・自分の表情が伝わりやすいように意識してみる。
・べたべたくっつくのではなく，ソーシャルディスタンスを保って友達と話せるようにする。
・飛まつがとばないよう，自分の食事中だけでなく，みんなの食事中にもしゃべらないようにする。

「それも"新たな心遣い"になるんだね」と生徒の意見を受けとめながら，自分たちにもできそうな"新たな心遣い"を全体で共有した後，今日の授業で学んだことをノートに書かせて授業を終えた。

授業後には，❺で出た意見を学級通信で紹介するとともに，教室に生徒の意見を掲示し，意識の継続化を図った。

マスク時代の接客術

新

百貨店 目元で笑顔表現 ■ JRアナウンス工夫

接客の現場では、これまでタブーとされてきたマスク。しかし、新型コロナウイルスの感染拡大防止のため、今ではすっかり定着した。声が通りにくい、表情で伝える情報が減るといったデメリットもある中、現場では「マスク着用こそ客への心遣い」ととらえ、新たな接客の在り方を模索している。 （佐橋大）

六月下旬、開店前の名鉄百貨店本店（名古屋・名駅）。各売り場のマネージャー約四十人が集まって行っていたのは、その名も「笑顔トレーニング」だ。

「ほほの筋肉を盛り上げるよう意識しながら、マスクの中の口を開いて『イー！』。販売サービス担当課長の牧良子さん（五〇）の呼び掛けに応じ、マスク姿のマネージャーたちは、手鏡に映った顔を確認する。見えている目元だけで、笑えているかを確認するためだ。

同店は一カ月ぶりに全館で営業を再開した五月十八日以降、店員にマスク着用を義務付けた。しかし、マスクをすると、表情が隠れ、冷たい印象を与える可能性も。指導役の牧さんによると、目尻を下げることが笑顔に見えるポイントだ。マスクで隠れている部分も大げさに笑顔をつくろうと意識すれば、自然に目尻が下がり、優しげな表情になるという。全ては「お客さまに気持ちよく買い物をしていただくため」だ。

同店を含め、日本ではこれまで、マスクを着けて接客をするのはよくないとされてきた。約三十年前から東海地方の企業を中心に、マナー講師を務める人材派遣会社ハーモネット（同市中区）会長の近藤敏子さんによると、マスクを着けるのは客に失礼だ」という考えが根底にはあるという。

ところが、コロナ流行後は、状況が一変した。マスクをすることが「客への心遣い」に。銀行や小売店、飲食店などではマスクでの接客には欠かせない。

そうした店員に接客させると、サービスのためには何ができるかを駅員同士で話し合った結果だ。表情筋の使い方も研究。業務前は鏡を見て笑顔に見えるよう確認しているという。

客もほぼ全員がマスクをして顔が見えにくい中、相手の感情を読み取ることも

開店前、マスク姿で笑顔のトレーニングをする従業員＝名古屋・名駅の名鉄百貨店本店で

マスク姿でホームに立ち、安全確認をする小嶋さん＝愛知県安城市の東海道新幹線・三河安城駅で（JR東海提供）

接客が常識になった。表情に加え、客に声をしっかり届けることに力を入れる職場も。「到着の列車は—」。JR東海の東海道新幹線・三河安城駅では二月下旬から、ホームでアナウンスする際、通常よりゆっくり、はっきり、丁寧に話すよう心掛ける。同駅の小嶋章輸送主任（五三）による、サービスのためには何ができるかを駅員同士で話し合った結果だ。

ところで、最近はカラフルなマスクが数多く出ているが、接客に向くのは何色なのか。近藤さんによるとマナーの観点からマスクの何色にすべきだといった考え方はないが「着る服と同じように相手に不快感を与えないことが大事」。その場の状況に合った色使いが望ましいという。

ちなみに、名鉄百貨店は原則、「清潔感が感じられる」白、「JR東海は会社が準備した白無地のマスクを着けている。感染対策と、気持ちのよい接客をどう両立するか。各社とも工夫を凝らしている。

接客には欠かせない。名鉄百貨店本店服飾雑貨売り場のマネージャー、上村嘉臣さん（三一）は「声のトーンや、は—」。JR東海の東海道新幹線・三河安城駅では二身ぶりに注意を払っている」と話す。指で机などをトントンとたたくしぐさは、イライラの表れであることが多いという。

提供：中日新聞社東京本社

（愛知県　平井百合絵）

1年		Win-Winの関係を考える	感　動	★☆☆
2年		**8. お店とお客のやりとり**	驚　き	★☆☆
3年			新たな知恵	★★★
			振り返り	★★★

web
1-8
授業用
パワーポイント

　人間関係においては，多少なりとも上下の関係が発生してしまうことがあります。たとえば商取引では，買う側と売る側で歴然とした違いがあります。「お客様は神様です」という語もありますが，買う側も売る側も同じ人間。コロナ禍のなか，双方がどのような心構えをもつのがよいかを考えていく授業です。

ロールプレイ
「お店とお客のやりとり」（自作教材）

■ **教材の概要** ■

　コロナウイルスの猛威に揺れた2020年。医療現場だけでなく，小売店でも品切れとなる商品が続出し，店員を怒鳴り散らす客，無表情で頭を下げ謝罪する店員が各所で見られた。この人間模様を体験的に学ぶことで，客が怒る理由，店員が謝罪する理由を考察し，望ましい人間関係を構築するにはどうしたらよいかを考えることができる。

■ **授業構成** ■　●説明● 店と客の状況

0	5	10 12	16	21	26	30	38	50(分)
●発問● 客としてどうする？	●発問● 店員としてどうする？	●発問● 謝罪は必要？	●活動● ロールプレイ	●発問● 怒鳴る客の気持ち？	●発問● Win-Winの考え方	●発問● どの考え？	●活動● ロールプレイで交流	

　協働的な学び　Win-Winの関係，対応となるよう，ロールプレイをする。

■ **本時の授業を中心に見取った評価文の例** ■

　友達と議論を重ねながら学ぶ姿がよく見られました。特に「お店とお客のやりとり」の授業では，立場の違う人の思いを理解しようと努め，お互いが心地よくなれる対応を仲間と議論しながら模索しました。

協働的な学びの度合い ●●●●◌　授業準備度 ●●◌◌◌

ねらい

　個人の感情表現とそれに対する反応を通して，人と人との関係についてメタ認知し，よりよい関係を創造する力を育む。

B9［相互理解，寛容］

準備

・ロールプレイ「お店とお客のやりとり」ワークシート（44ページに掲載）生徒数分

授業の実際（3年で実施）

　「高校生になったら，行動範囲が広がり，仲間同士で飲食店を利用するのも楽しみですね。人によってはそのような場所でアルバイトをする人もいるかもしれません」と，接客される側・する側という関係を意識させて最初の発問をした。

■客として訪れたファミレスで次のようなことがあったら，あなたはどうしますか。

■接客される側の気持ちを考えさせ，学習への導入として興味を高める発問である。

　叱責をしたり苦情を言ったりするべきか，黙っているべきかなどを，下記の【A】〜【C】について2択で考えさせる。客としては不愉快だが，店側に非があるとは言い切れないものも交えている。感情的な対応になりがちな状況で，理性的に対応できるか考えさせたい。
　4人班で話し合わせながら進めた。

【A　注文した料理が出てくるのが遅かった】
　・忘れられているかもしれないから，遅いと思ったら普通に聞く。
　・少しくらいの遅さなら，何も言わない。
【B　出た料理の味が思っていたのと違った】
　・それは自分の思い。何も言わない。
　・自分が間違えて注文した可能性もあるので「カレーライスを頼んだのですが……」と控えめに聞く。
【C　隣の席の赤ちゃんの泣き声がうるさい】

　・我慢する。仕方ないとあきらめる。
　・自分たちの席を変えてもらう。
　終わりに，「最近は感情的に怒鳴りつけるなどして叱責・苦情を表す人が多く報道されましたね」と話した。
　「さて，立場が変わるとどう思うかな」と言って次の問いをした。

■店員として，ファミレスで次のような叱責や苦情を客から言われたらどうしますか。

■同じような状況でも立場が違えば受け止め方が違うことを理解するための発問である。

　客の感情的な物言いにも強く反論できないことを体験させ，両者の関係性を理解させたい。
　ここでも，下記【A】〜【C】について2択で考えさせる。
【A　注文した料理が出てくるのが遅い】
　・謝る。
　・忘れていないか，すぐ調べる。
【B　出た料理の味が思っていたのと違う】
　・「こういう料理です」と自信をもって説明する。
　・謝ったうえで，説明する。
【C　隣の席の赤ちゃんの泣き声がうるさい】
　・席を変えてあげる。
　・あやしてあげる。得意だから。
　「一般的に店側に非があって客を怒らせたり，苦情を言われたりしたら，店員は謝罪しますね」と言って本題に入る。「次のロールプレイをしてみましょう。コロナ禍の今年，あるドラッグストアで次のような場面がありました。次のような状況です」と言って，ワークシートを配付し，状況を説明した。
　「このお店に非はあるかな」と問うと，「非はない」という声が多かった。そこで次のように問うた。

■お店に非がないのに謝罪する必要があるでしょうか。

■謝罪する理由，目的，効果について考えさせ，主となる学びへ関連づける発問である。

列指名をした。多くの生徒は謝罪すると答えた。一般的には，叱責・苦情を受けたら店側は謝罪するだろう。しかし，明確な非がない状況でリアクション的に謝罪するのはどうだろうかという視点で謝罪について深く考えさせるため，「わずかでも非があることへの謝罪ですか，それともその場を収めるための謝罪ですか」と，生徒の発言に対して確認しながら考えを深めていった。その反応は，ほぼ半々であった。

そして，ロールプレイの活動1を行った。

●活動の様子の例

店員「すみません，マスクが売り切れてしまいました」

客「えー。30分も待ったのに……」

店員「すみません。次に入荷したら来てください」

客「入荷したらすぐ連絡してください」

店員「そのサービスはしていません」

客「次はいつごろ入りますか」

店員「まったくわかりません……」

❹品切れで店員を怒鳴る客の気持ちを理解できますか。できませんか。

■主となる学習の，入口となる発問である。

これは理解できない方に多く挙手があった。それぞれの理由を2人が発表した。

・マスクを買うために客が時間をかけて並んだことは事実。やってはいけないが，そう思いたくなる気持ちは理解できる。

・感情のはけ口として店員を怒鳴りつけるのはかっこ悪い。

「次の4つの考え方を見てください」と言って，①〜④を説明して問いに結びつけた。

①Win-Win
　自分も勝ち（満足），相手も勝つ（満足）

②Win-Lose
　自分は勝ち（満足），相手は負け（不満）

③Lose-Win
　自分は負け（不満），相手は勝つ（満足）

④Lose-Lose
　自分も負け（不満），相手も負け（不満）

❺客が怒鳴って店員が謝っているのは，

店員にとっては，4つの考え方のうちのどれでしょう。

■前述の客と店員の状態を客観的に捉え，改善へと結びつける発問である。

謝っている店員は謝る立場なのでLose，客は怒りをぶつけて満足している側だからWinと考える生徒が多かった。謝る側はそれで相手が収まるならばWinではないかという意見もあり，賛同する生徒も少しいた。

「望ましい考え方はどれかな」と問うと，全員が①Win-Winに挙手した。

❻ 対 主 先の客と店員の関係で，Win-Winの関係になるには，どうすればよいでしょうか。

■Win-Winの関係を模索するための，この授業で中心となる学習活動である。

ペアで話し合わせた。

○客
・怒りを抑える。
・店側ができることとできないことを考える。
・無理なことは言わない。

○店員
・きちんと説明する。
・穏やかに話す。

続けて，ロールプレイの活動4，5，6を行った。

【活動の様子の例（全体発表）】

店員「すみません，マスクが売り切れました」

客「だいぶ待ったんですよ」

客「次はいつ入るかわかりますか？」

店員「すみません。メーカーや本社に何回も聞いているのですが，何個入るか，いつ入るかも，私たちにもまったくわからないのです」

客「じゃあ，連絡してもらうのは難しいですね」

店員「連絡できればいいのですが，このような状況ですので，いろいろなお店で買うチャンスをねらった方がよいと思います。私はネットのサイトで安く買いました」

「このように考えることは，日常でも活用できるよね」と伝えて授業を終えた。

ワークシート　ロールプレイ「お店とお客のやりとり」

○社会全体が感染におびえています。マスクを必要としている人が30分から40分
　かけてお店に並んでいました。それだけの時間並んでいながら，客はマスクを
　入手できず，かつ，次回の入荷も不明です。

1　客と店員の立場に立って，ロールプレイをしてみましょう。

2　品切れで店員を怒鳴る客の気持ちを理解できますか。

　　　①Win-Win　　自分も勝ち（満足），相手も勝つ（満足）
　　　②Win-Lose　　自分は勝ち（満足），相手は負け（不満）
　　　③Lose-Win　　自分は負け（不満），相手は勝つ（満足）
　　　④Lose-Lose　　自分も負け（不満），相手も負け（不満）

3　先の客と店員の関係でWin-Winの関係になるにはどうすればいいでしょう。

4　改善・工夫した対応で，ロールプレイします。

5　他のペアと交流します。相互に見せ合いましょう。

6　全員の前で演じるペアを募集します（全体にシェア）。

※留意点
　ロールプレイを作り上げられないペアがあったり，また，相互に依存しきってし
まっていたり，不仲だったりすることによって活発な活動にならないことがある。
　しかし，他ペアと交流する場を設けることによって，気の合う友達のいるペアを選
択して交流することができ，後半の活動を活発化させることが期待できる。

（北海道　高橋勝幸）

1年		なぜこのようなことが起きるのか	感　動	★★☆
2年		**9.コロナ禍の手紙**	驚　き	★☆☆
3年			新たな知恵	★★☆
			振り返り	★★★

web
1-9
授業用
パワーポイント

　コロナ禍のなか，コロナという名前がつく商品が話題になることがあります。そうしたなか，新潟県の暖房機器メーカー「株式会社コロナ」が社員向けの広告を出し，話題になりました。名前が同じというだけで誹謗中傷（ひぼう）の恐れを感じることの悲しさ，そしてそのようなことを自分自身も起こしかねないことを感じさせたいと考えてこの授業を創りました。

教材 株式会社コロナのメッセージ広告

■ 教材の概要 ■

　新潟県の暖房機器製造大手メーカー「コロナ」の小林一芳社長は，社名が新型コロナウイルスを連想させることで胸を痛めている社員の子どもに向けて，「ご両親に誇りを持ってほしい」という思いを込めたメッセージを公開した。この話題は全国的に取り上げられた。同時に，このメッセージを出さなければならない現状を憂う気持ちも引き起こされる。

画像提供：株式会社コロナ

■ 授業構成 ■

0	5	10	13	18	23	28	33	43	50(分)
●発問● 差別を受けた職業？	●発問● なぜ差別？	感想	●発問● かっこの中？	説明／動画	●発問● 広告を出した理由は？	●発問● なぜこのようなことが？	分析／交流		●発問● 絶対にしないと言い切れるか？

　協働的な学び　自己分析したワークシートをもとに交流する。

■ 本時の授業を中心に見取った評価文の例 ■

　教材から考えたことをもとに自分自身の心の深いところまで見つめていました。特に「コロナ禍の手紙」の授業では，自己分析をした後に，差別が起きる理由と，心の安定の大切さを深く学んでいました。

協働的な学びの度合い ●●●●● 　　授業準備度 ●●●●●

ねらい

　精神的な不安定から人は誤った行動をとってしまうことに気づき，自己を振り返り，公徳心を保とうとする態度を育てる。

C10〔遵法精神，公徳心〕

準備

・教材１・教材２・教材３（48ページに掲載）提示用
・ワークシート（47ページに掲載）　生徒数分

授業の実際（3年で実施）

　「コロナ禍のなかで，不安から来るいらだちなどが，他人への攻撃という形で表面化することが多くありましたね。『人はウイルスよりも怖い』とまで言われました」と言って，最初の問いをした。

1 コロナ禍のなか，差別を受けた職業を知っていますか。

　■コロナ禍のなかで苦しい思いをしている職業のことを意識させる発問である。
　挙手した生徒を指名して発表させた。
・医療従事者
・パチンコ店の従業員
・レジの仕事の人
・役所に勤めている公務員

2 その職業はなぜ差別を受けたのでしょう。知っていますか。

　■差別の内容について意識させる発問である。
　４人班に２分間話し合わせて発表させた。
【医療従事者】
・そこで働く人が感染しているかもしれないので怖い気持ちから。
【パチンコ店の従業員】
・クラスターが発生しそうだから。
・みんなが自粛してステイホームをしているときに遊んでいるから。

・３密対策をしていなさそうだから。
【レジの仕事の人】
・ほしいマスクなどの品が不足したから。
・おつりの渡し方（トレイで渡してくる）。
【役所に勤めている公務員】
・補助金の申請が難しいから。
・手続きが難しいから。
・補助金の支給が遅いから。

　差別された職業について考えた後に，教材と出合わせる。「2020年６月13日，あるメッセージ広告が新潟県の地元紙『新潟日報』に掲載されました」と説明し，教材１を提示した。

3 この文章を読んでどう思いましたか。

　■教材への興味を高める発問である。
・ひらがななので，子どもにわかるように書かれている。
・やさしい。
・思いやりがある。
・どこかで働いている人たちのことを書いている。

　「この文章はある職場の方に向けて書かれたものですね。続きがあります」と言って，教材２を提示した。

4 教材１と教材２のかっこの中には何が入ると思いますか。

　■教材への興味を高める発問である。
　４人班で自由に話し合わせた。「かいてき」という言葉や，若い人から年配の人まで働いている職場から，考えようとする様子が見られた。
　興味が高まったところで，教材３を提示した。最初，生徒はぽかんとした感じであったが，「コロナ」という名前の会社だとわかった。生徒から，「昔からあった会社ですか」という質問が出たので，「そうです」と答えた。
　ここで「新潟県の暖房機器製造大手メーカーの株式会社コロナという会社です」と説明し，どのような会社かイメージをもつため，YouTubeの公式チャンネルから１分ほどの映像（48ページに掲載）を見せた。働く方の表情が映されており，教材のイメージととてもフィットする動画である。
　「1935年に商標登録された社名のコロナ。

石油コンロの青い炎のイメージや，太陽のコロナのイメージから考えたそうです」と説明をすると，「かなり前に決められたんだね」という声が出た。

❺このような広告をこの会社が出したのはなぜでしょう。

■社員やその家族のつらい思いを意識させる発問である。

・周りから名前で差別が起きた。
・社員が会社に誇りをもてなくなるのではないかと心配した。
・イメージアップをねらった。

「社長の小林一芳さんは，社員の子どもの中に，コロナという名前の会社に勤めていることにつらい思いをしている子がいないかと思い，その子たちに向けて，『我が社に勤めている親のことを誇りに思ってほしい』という気持ちを込めたそうです」と，説明した。さらに，「風評被害や差別は確認されていなかったのですが，子どもが落ち込んでいる様子が見られたり，子どもから『コロナって悪いの？』と聞かれたりしたことが起きたそうです。そこで小林社長は『子どもたちの不安や疑問を一掃したい。そして社員の心も鼓舞したい』と思って，手紙を送ることを決めたそうです」と説明し，次を板書した。

・胸を痛めている社員の子どもに向けて，「ご両親に誇りを持ってほしい」という思い
・子どもたちの不安や疑問を一掃し，社員の心も鼓舞したい

「さて，ちょっと考えてみましょう。何か変だと思いませんか」と言って次の問いをした。

❻ 対 名前だけで差別をするようなおかしなことがなぜ起こるのでしょうか。

■人間の弱さを自覚させる発問である。

問いをしたとき，生徒からは「確かにそうだよ」という声も出た。
隣同士のペアで話し合わせた。4人の生徒が挙手して発表した。

・名前がずばりそのものなので，からかっている。
・イライラを発散させるため。
・もともと人に文句をつけたいような人がいるということ。
・新型コロナウイルス感染に対して不安な気持ちが強いから。

「いろいろな要素が出てきましたね」と言って，次のワークシートを配付し，生徒の発表をまとめたものをかっこの中に書かせた。

ここで自己評価をさせた。その後，4人班をつくり，書いたものを見せ合い，交流をさせた。そして最後の問いをした。

❼ 主 この分析を見て，自分はそういうことを絶対にしないと言い切れるでしょうか。絶対にしないためには何が必要でしょうか。

■自分のなかの弱い心を見つめさせる発問である。

挙手をさせると，「言い切れない」に手を上げた生徒が5人ほどいた。理由を聞くと，2人が「どの項目も4以上だから」「感染への不安が強かったので，これから変わってくるかもしれない」と理由を発表し，「自分自身に安心するよう言いたい」「パニックにならないようにする」と加えた。

最後にもう一度教材を範読した。温かい文ゆえに癒やしの効果もある。

教材１

> （　　　　）ではたらくかぞくをもつ，キミへ
>
> まだまだ，せかいじゅうが，しんがたコロナウイルスで，
> たいへんなことになっているね。
>
> そとであそべなくなったり，マスクをしなきゃいけなかったり，
> つらいこともたくさんあるとおもいます。
>
> そんななかでも，わたしたち（　　　　）は，
> くらしをゆたかにする"つぎのかいてき"をつくろうと，
> きょうも，がんばっています。
>
> （　　　　）ではたらいてくれている，
> キミのおとうさんやおかあさん，おじいちゃん，おばあちゃん，
> おじさん，おばさん，おにいさん，おねえさんも，
> いっしょうけんめいです。みんな，じまんのしゃいんです。
> いえにいるときのイメージとは，ちょっとちがうかもしれないけど。

教材２

> もし，かぞくが，（　　　　）ではたらいているということで，
> キミにつらいことがあったり，なにかいやなおもいをしていたりしたら，
> ほんとうにごめんなさい。
> かぞくも，キミも，なんにもわるくないから。

教材３

> わたしたちは，コロナというなまえに，
> じぶんたちのしごとに，ほこりをもっています。
>
> キミのじまんのかぞくは，
> コロナのじまんのしゃいんです。
>
> 　　　　　　　　　　　　　かぶしきがいしゃコロナのしゃちょうより

※教材１と２は授業者（桃﨑）により一部改変。「コロナ」の文字を（　）に変更した。

活用した動画サイト

※株式会社コロナ 公式チャンネルで視聴した動画
https://www.youtube.com/watch?v=DxF8FrD2xC0&t=1s

（熊本県　桃﨑剛寿）

1年

2年

3年

人間の心の奥底にある差別の心と闘う

10. コロナ差別~本当に闘うべき敵とは~

感　動	★☆☆
驚　き	★★☆
新たな知恵	★★☆
振り返り	★★★

web
1-10
授業用
パワーポイント

　新型コロナウイルス感染症拡大により，感染者や医療従事者に対する差別や偏見，誹謗中傷などが起きています。そうした事態に自分事として向き合い，「差別はなぜ起こるのか，どうしたらなくせるか，自分に何ができるか」という本質的な問題について考えられる授業がしたいと思って創りました。

 教材

「医療現場，心折れる風評 愛知・藤田医科大病院」
中日新聞　2020年4月18日付
「タクシーが乗車拒否　静岡病院スタッフ」
中日新聞　2020年4月25日付

■ **教材の概要** ■

　新型コロナウイルス感染症が拡大するなか，最前線の現場で奮闘する医療従事者らが差別や偏見にさらされている。子どもが通う保育園から登園自粛要請を受けたり，「病院勤務」を理由に，タクシーに乗車拒否をされたりするなどの問題をもとに，人間の差別心と向き合い，正義の実現を考えることに適した教材である。

■ **授業構成** ■

0	5	8	18	21	31	41	50(分)

●説明●
コロナ差別

教材1
保育園からの自粛要請

●発問●
保育園に行かせるか，行かせないか？

教材2
タクシーの乗車拒否

●発問●
乗車を断るか，断らないか？

●発問●
2つのニュースから見えてくることは？

●発問●
差別をなくすために，自分に何ができるか？

　　協働的な学び　　3つの選択肢に対して挙手させ，選んだ人数を見える化する。

■ **本時の授業を中心に見取った評価文の例** ■

　差別は，自己中心的な考えや過度な自己防衛，不満やストレスを他人にぶつけてしまうことに起因するとの考えをもとに，そのような心の弱さに負けないように生きていきたいと考えていました。

協働的な学びの度合い ●● ◦ ◦ ◦ ◦　　　授業準備度 ●● ◦ ◦ ◦ ◦

ねらい

差別は，過剰な自己防衛や不満・ストレスを他にぶつけようとする自己中心的な考えから生まれることに気づき，自らの心と向き合い，弱さを乗り越えていこうとする判断力を高める。　C11 [公正，公平，社会正義]

準備

・教材1，教材2（52ページに掲載）生徒数分
・ワークシート　生徒数分

授業の実際（1年で実施）

およそ3か月間に及ぶ長い休校が明け，学校が再開されてから間もなくの実践である。休校期間中，世の中の出来事に関心が高かった生徒とそうでない生徒がいたことを想定し，どの程度の知識や情報をもっているか確認するための発問から入った。

1 コロナウイルスに関する差別について，知っていることはありますか。
■教材への関心を高める発問である。
挙手した生徒を指名して発表させた。
・感染者の家に電話がかかってきたり，落書きされたりした。
・インターネットで感染者の名前が公表されたり，嘘の情報が流されたりした。
・医療従事者が入店を拒否された。
・長距離トラック運転手の子どもが学校から登校自粛を求められた。
・配送業者が除菌スプレーをかけられた。
多くの生徒がコロナ差別に関わるニュースに関心をもっていた。ここではそれぞれを詳しく追求することなく，「そのなかでも，本来感謝されるはずの医療従事者が，子どもの通う保育園から自粛を求められたというニュースを紹介します」と言って教材1を配付した。

2 あなたが医療従事者で，子どもが通う保育園から登園自粛を求められた

としたら，そのような差別・無理解を乗り越え，子どもを保育園に行かせますか，それとも何か心配して行かせないかもしれませんか。
■医療従事者の立場になって，自分事として考えさせるための発問である。
「その他」も加えた3つから選択させ，挙手をさせた。
「保育園に行かせる」が21人，「保育園に行かせないかもしれない」が13人，「その他」が2人であった。
それぞれの理由を聞いた。
「保育園に行かせる」
・子どもに罪はないから行かせる。
・休ませたら差別に負けた気がする。
・子どもが休んだら家で面倒を見なければならず，他の医療従事者に負担がかかる。
「保育園に行かせないかもしれない」
・行かせたら，子どもがいじめにあうかもしれない。
・もしかしたら本当に子どもがウイルスをもっていて，広めてしまうかもしれない。
・差別をするような保育園にはこちらから行かせない。
「その他」
・勤め先の病院からコロナウイルスに感染していない証明書を発行してもらえたら行かせるけど，発行してもらえなかったら休ませる。
全体的に，「医療従事者の子どもだからといって，自粛を要請されるのは納得いかない」や「隔離されたり，特別扱いされたりするのはおかしい」という意見が強かった。そこで次に，「ではもう1つ，このニュースの場合はどうでしょうか」と言って，教材2を配付した。

3 あなたがタクシーの運転手さんで医療従事者から要請があったら，感染を恐れて乗車を断ることを考えてしまいますか，断ることを考えずに乗せることができますか。
■今度は，タクシーの運転手の立場になって，医療従事者に対してどう接するかという発問である。

ここでも「その他」を加えた3つから選択させ，挙手をさせたが，どちらかを選べずにその他にとどまった生徒もいた。

「乗車を断ることを考えてしまう」が17人，「断ることを考えず乗せることができる」が13人，「その他」が6人であった。

それぞれの理由を聞いた。

「乗車を断ることを考えてしまう」
・自分の命が大事だから。
・もしものことがあってからでは遅い。
・狭い車内は感染リスクが高い。
・タクシーの運転手さんには客を選ぶ権利があるから，これは差別ではない。

「断ることを考えず乗せることができる」
・医療従事者だからといって感染しているとは限らないから乗せる。
・医療従事者こそ今大変なときだし，疲れているだろうから乗せてあげたい。
・タクシーの運転手さんも今は客が外出自粛していて収入が少ないはず。
・タクシーの運転手さんには客を選ぶ権利なんてない。

「その他」
・もちろん人としては乗せてあげたいけど，いざとなったら乗せる勇気はないから決められない。
・逆に断る勇気がない。でも，いけないとは思っていても，できたら乗せたくないと思ってしまうから選べない。

ここで教材1の「保育園に行かせる」と教材2の「乗車を断ることを考えてしまう」の結果を受けて，次のように聞いた。

❹ 🔄 2つのニュースからどんなことが見えてきますか。

■2つのニュースや考えた結果から，違いや共通点を見出す発問である。

じっくりと考える時間をとった後，挙手をした生徒に発表させた。実際の授業では，選択した人数が多かった方をとりあげて，次のように生徒が発言した。「『保育園に行かせる』は，『自分が差別されたくない』ということであり，『乗車を断ることを考えてしまう』は，『自分の身を守りたい』ということ

だから，どちらも自分を中心に考えている」。それに対して，「自分を中心に考えることはいけないことか」と問い返した。すると，別の生徒が「もちろん悪いことではないが，その気持ちがあまりにも強すぎると差別につながることがある」と発言した。ここで過剰な自己防衛や，それによって不満やストレスを抱え，それを他にぶつけようとする気持ちが差別を生むことに気づかせることができた。最後に次のように聞いた。

❺ 🔴 どうしたら差別はなくせるでしょうか。自分たちにできることを考えてみましょう。

■価値の理解にとどまらず，実生活に生かすための発問である。

実践した当時，アメリカで黒人男性が白人警官に暴行されて死亡したとのニュースも相まって，「差別は簡単になくせない」「中学生にできることは少ない」などの意見が聞かれたが，ある生徒がこの問題をいじめと結びつけて考え，次のように発言した。「世界で起きている差別は，自分たちの力ではなくせないかもしれないけど，身近で起きているいじめだったら絶対になくすことが大事だし，そもそもそれを生まないようにしなければいけない」。この発言をもとに，「身の回りで，あるいは自分のクラスでどのようなことができるかを考えてみましょう」と言ってワークシートに記述させた。

・差別が生まれる前に生まないようにしたいです。一人で我慢しているから差別が生まれると思うから，我慢させないように一緒に楽しいことを見つけてあげたいです。
・誰かに話を聞いてもらえれば少しは気が楽になると思います。自分には話を聞いてあげることくらいはできると思います。
・差別をする側にも寄り添って，心に抱えている悩みを楽にしてあげたいです。
・人間の心にある差別心に対して流されず，強い気持ちで闘っていくことも大事かなと思います。この授業で立ち向かう勇気がもてました。

教材1 「医療現場，心折れる風評 愛知・藤田医科大病院」
中日新聞　2020年4月18日付

　新型コロナウイルス感染症に最前線で向き合う医療従事者を，差別や無理解が追い込んでいる。患者を受け入れる愛知県内の病院では，職員の子どもが保育園への登園を拒まれたり，家族が職場で嫌がらせを受けたりする例があった。職員からは「心が折れそう」と悲痛な声が上がる。

　「自分の仕事が理由で登園できないと，子どもに伝えなければならなかった親の気持ちを考えると本当に切なくなる」。藤田医科大病院（同県豊明市）の看護部長真野恵子さん（61）は声を震わせた。

　同病院では九日，他病院から一日付で着任した医師の感染が判明。その翌日から看護師ら複数の職員の子どもが保育園から登園自粛を求められた。いずれの職員も医師と別の部署だが，登園条件に「濃厚接触者ではないことの証明書」の提出を求められたケースもあったという。

　このような証明書を病院は想定していなかったが発行。一部の園児は登園できたが，預け先がない職員の子どもは院内保育所で受け入れた。
（中略）

　愛知県病院協会の浦田士郎会長は「子どもを預かる立場の不安や心配は分かる」とした上で「預け先がなく，看護師らが出勤できなくなれば，最終的にしわ寄せがいくのは患者。医療崩壊を防ぐためにも地域に理解を求めたい」と話す。

※授業者（鈴木）により一部要約

教材2 「タクシーが乗車拒否 静岡病院スタッフ」
中日新聞　2020年4月25日付

　静岡市の田辺信宏市長は二十四日の会見で，看護師が三月下旬に新型コロナウイルスに感染したことが確認された市立静岡病院のスタッフがタクシーの乗車拒否などに遭っていると明らかにした。静岡赤十字病院の医師も感染が確認されており，市は，同様の事例がほかにないか調べている。

　市によると，静岡病院のスタッフが夜勤上がりの遅い時間帯に帰宅する際にタクシーを呼んだところ，「病院勤務」を理由に配車を断られたほかに，他の複数の病院でも，スタッフの子どもが保育施設への登園を拒否されたり，同居家族が勤め先から休むよう指示されたりしたという。

　田辺市長は「市民の安心安全のために日夜奮闘する医療従事者の心を折る行為であり，医療現場自体が崩壊しかねない」と危機感をあらわにした。県タクシー協会によると，感染症への罹患（りかん）が疑われる場合は乗車拒否できるが，最近は利用者減で夜間帯の営業を縮小する事業者も増えており，そうした理由も考えられるという。

　協会の担当者は，各社の運転手は手洗いや車内の換気を徹底しているとして，「静岡病院の報告は入っておらず具体的な状況は把握していないが，第一線で働くドライバーがナーバスになっているのは事実だ」と話した。

（愛知県　鈴木賢一）

1年	本当にいいこと？ **11. SNSバトン**	感　動　★☆☆
2年		驚　き　★★☆
		新たな知恵　★★★
3年		振り返り　★★☆

web
1-11
授業用
パワーポイント

　所定の企画を実行してSNSにあげ，同じ企画を別の人にやるように促す「SNSバトン」がコロナにおける自粛期間中に行われています。SNSが広く普及した今，「SNSバトン」の世の中への訴求効果は高いものがありますが，本当に手放しで参加してよいものなのでしょうか。この授業では，SNSを含むネットとの付き合い方について考えます。

「SOS！牛乳チャレンジ」の動画
教材 北海道ホームページの同チャレンジの説明サイト
ウェブサイトTechinsight記事

■ 教材の概要 ■

　コロナ禍の牛乳の消費量の落ち込みへの対策として，北海道では鈴木知事が「SOS！ 牛乳チャレンジ」を提起し，SNSのフォロワーに牛乳の消費を呼びかけた。

　牛乳を飲んでいる姿を一人一人が投稿することにより牛乳・乳製品の需要を喚起し，酪農家が安心して生産できる環境づくりをめざす試みだが，取り組みを進めていくなかで，SNSバトンのように特定の人物を指定して展開するような動きも生まれてきていた。

　SNSバトンを使うことのよさや問題点，さらにはインターネットとの付き合い方や同調圧力の問題について考えさせたい。

■ 授業構成 ■

| 0　　　　5　　　　10　　　　15　　　　　　　　　　　　30　33　　　　40　　　　　　50(分) |

教材1（動画）　●発問1●　●発問●　　　　　●発問●　　　教材3　　●発問●　　　●発問●
教材2　　　何をした？　どう思う？　　　　　やる？　　　　　　　どう思う？　　　よさや問題点は？
　　　　　　　　　　　　　　　　　　　　断る？

協働的な学び　他者と意見を交流し，見方を広げる。

■ 本時の授業を中心に見取った評価文の例 ■

　SNSバトンの有用性だけでなく，その問題点まで考え，ネットとの付き合い方についての考えを深めることができました。

協働的な学びの度合い ◉◉◦◦◦◦　　授業準備度 ◉◉◉◦◦◦

SNSバトンについて考えることで，インターネットとの付き合い方や同調圧力の構造について考える。　C12［社会参画，公共の精神］

準備

・教材1「SOS！牛乳チャレンジ」の動画
・教材2 北海道ホームページの同チャレンジの説明サイト
・教材3 ウェブサイトTechinsightの記事
（いずれも56ページにURLを掲載）

授業の実際（1年で実施）

　まずは北海道知事の鈴木直道氏による，教材1の「SOS！牛乳チャレンジ」の動画を視聴した。札幌の生徒のほとんどが知っている内容であったが，内容をよく覚えていない生徒もいるため，数人を指名すると，「『SOS！牛乳チャレンジ』は牛乳を飲んでいる動画をSNSに投稿するもの」「牛乳が苦手な人は飲むヨーグルトやチーズなどの乳製品でも可能」などの声があがった。
　そこで教材2（56ページ）を提示し，その内容に目を通させた。
　生乳は他の食品と異なり，需要がないからといって生産量をすぐに調整できるものではないこと，休校の影響で学校給食用の牛乳が余るなど，他の食品と比べてコロナ禍における打撃が大きいことから，知事が緊急性の高いものとして，このようなPRをしたことを確認した。

■1 自粛期間に牛乳を意識的に飲みましたか。やったとしたらどんなことをしましたか。
　■教材と自分との関係を意識化する発問である。
　毎日牛乳を飲んだ生徒やたまに乳製品を口にした生徒，特別に何かをすることはなかった生徒などさまざまであった。

　このチャレンジ自体は知っていても，その後の広がりについては知らない生徒がほとんどであった。
　そこで，さらに有名人数名の牛乳チャレンジの動画を見せ，この取り組みが派生して，SNSを通じてリレー形式で拡散していくような流れがあったことや，4月末から牛乳の売り上げが前年比で25％増加し，一定の成果を挙げたといえることを確認した。

■2 「SOS！牛乳チャレンジ」がSNSバトンとして使われたことをどう思いますか。
　■題材についての最初の自分の見解を決める問いである。
　自分の立場を決めやすくするために「とてもいい」「まあまあいい」「あまりよくない」「とてもよくない」という4つの選択肢を与え，自分の考えに近いものを選ばせたうえで，考えをメモさせた。
　ペアで交流した後，立場ごとに挙手させ，数名に意見を述べさせたところ，ほとんどの生徒が「とてもいい」「まあまあいい」を選んでいた。

「とてもいい」「まあまあいい」
　・チャレンジ自体が牛乳の消費につながる。
　・好きな有名人が参加していると牛乳の消費をしようと多くの人が思える。
　・酪農家を応援することになる。
　・牛乳が苦手な人のことを配慮しているのがいい。
　・自分自身の健康にもいい。
「あまりよくない」「とてもよくない」
　・他にも困っている産業はあるはずなのに，牛乳だけをアピールするのはおかしい。
　・正直指名されるとめんどうくさい。
　・次の人にお願いしにくい気がする。

　他にも，自粛期間中には，読書を推進する「ブックカバーチャレンジ」や，ハッピーな顔写真をリレーする「happyリレー」，手作りの料理をリレーする「料理リレー」などというSNSバトンが日本全国で行われていたこ

とを紹介した。

紹介に対して，「やりたい」「やりたくない」という話題が生徒の側から出てきたのを受け，以下のように問うた。

3 対 主 **どんな相手や内容の依頼が来たらSNSバトンをやりますか。あるいは断りますか。**
■題材の問題点に迫るための発問である。

```
相手　①同級生の友達
　　　②部活の先輩
　　　③大好きな有名人
　　　④見知らぬ人
内容　A　牛乳チャレンジ
　　　B　ブックカバーチャレンジ
　　　C　happyリレー
　　　D　料理リレー
```

相手と内容を具体的に4つずつ提示し，①×A「同級生の友達から牛乳チャレンジの依頼が来る」など，4×4＝16パターンについて，自分だったらどうするか考え，4人グループで交流した。このグループ交流で，人によって考え方がさまざまで，自分とは異なる考えをする人がいることに気づいたようだった。

グループ交流の後，全体で数名に意見を述べさせたところ，「誰からどんな内容の依頼が来ても引き受ける」，逆に「全パターン引き受けない」などの考えが発表された。

そんななか「本当はやりたくない内容でも，関係の近い相手，断りにくい相手から依頼が来ると，困ってしまうかもしれない」という意見が出た。

そこで，このような現象を「同調圧力」と呼ぶことを説明し，以下のように定義した。

```
同調圧力
　多数派や主流派の「空気」に従えという有形・無形の圧力
```

ここで，教材3（56ページ）をもとに，SNSバトンに否定的な著名人の発言に，「次の人がこの負担を強いられてしまうことが辛い」

とか，「その企画が目指していることはわかるが，各自が持っていればよい」というものがあることを説明した。

4 深 **「SOS！牛乳チャレンジ」がSNSバトンとして使われたことについて，もう一度考えてみましょう。**
■問題点をふまえて思考を深めるための発問である。

最初と同じく「とてもいい」「まあまあいい」「あまりよくない」「とてもよくない」の4択から自分の考えに近いものを選ばせ，ペアで意見交流した。

全体で交流すると，全体的な評価は下がり，「やりたくなくても言いにくい人がいるかもしれない」という意見が出た。

一方で，「SNSバトンに問題はあるが，もしやらなかったら牛乳の問題は解決しなかった」「SNSでゲームっぽいからこそ，すぐにみんなに広まったんだと思う」という意見も出るなど，「SOS！牛乳チャレンジ」は，緊急事態において，やはり必要な取り組みであったと考えた生徒もいた。

授業の学びを日常生活につなげるため，今日の授業で気づいたSNSのよさと問題点・注意点をまとめさせた。

よさとして，「SNSは簡単に多くの人に情報を行き渡らせることができる」，問題点・注意点として，「送り手と受け手で気持ちにズレが出ることがある」「誰もが同調圧力を相手に与えてしまう可能性がある」などが挙げられていた。

教材

教材1　「SOS！牛乳チャレンジ」動画
https://www.youtube.com/watch?v=jcRmckPN0ig

教材2　「『SOS！牛乳チャレンジ』実施の背景と概要」資料
http://www.pref.hokkaido.lg.jp/ns/tss/milk_charenge.pdf

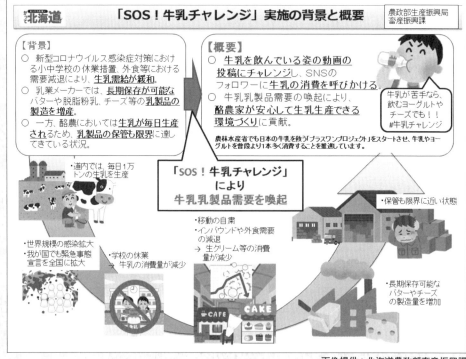

画像提供：北海道農政部畜産振興課

教材3　【エンタがビタミン♪】前園真聖, SNSの"リレー投稿"を拒否「熱い心は自分の中だけで」
https://japan.techinsight.jp/2020/05/miyabi05101559.html

（北海道　髙橋和寛）

1年

2年

3年

今，自分に何ができるか

12. ある病院の工夫

感 動	★★☆
驚 き	★★☆
新たな知恵	★★☆
振り返り	★★☆

web
1-12
授業用
パワーポイント

　コロナ禍で個々の日常生活にさまざまな制限がかかるなか，ストレスや苛立ちを募らせ，あらぬ方向に不満をぶつける人々の姿をメディアで目にします。
　一方，こうした状況だからこそ，自分にできることを考え，行動する人がいます。
　市井の人が前向きに生きる姿により生徒を勇気づけたいとの想いから，この授業を創りました。

病院の受付の写真
（授業者が撮影）

■ 教材の概要 ■

　コロナ禍における物資不足から，多くの人が不安や苛立ちを募らせた。このため，多くの人の他者を批判する言動が，毎日のようにメディアで取り上げられた。
　主な原因は依存心であると考える。そうしたなか，マスクを客に無料で提供している病院が地域にあった。
　誰もがもつ依存心が自分自身にも少なからずあることに気づかせることにより，一人一人の自立への意識を高めることができる教材である。

■ 授業構成 ■

0 1	5	10	20	26	33	43	50(分)
写真	●発問●気づいたことはないか？	●発問●何に感動したと思うか？	●発問●ここまでやらなくてもいいのでは？	●発問●この病院のいいところは，どこか？	●発問●私たちの学級は，大切にできているか？	●発問●「4」に近づくため，できることは？	感想記入

協働的な学び ネームカードで見える化し，発表する生徒の指名に役立てる。

■ 本時の授業を中心に見取った評価文の例 ■

　自分が苦しいなら仕方がないとの考えから，グループで話し合うなかで，苦しい状況であっても自分にできることを考え行動することの大切さを深く学んでいました。

協働的な学びの度合い ●●●　　　授業準備度 ●

ねらい

　ある病院の工夫の行為の是非を検討し，目の前の状況を乗り越えるさまざまな工夫について考えることにより，よりよい社会の実現に生かしていこうとする意識を高める。

C12〔社会参画，公共の精神〕

準備

・教材（60ページに掲載）提示用
・ワークシート（60ページに掲載）生徒数分

授業の実際（1年で実施）

　「先日行った先で，思わず撮影した写真を紹介します」と言い，マスクやトイレットペーパーが品薄だった時に撮影した病院の受付の写真を提示後，次の発問をした。

■1 気づいたことや感じたこと，考えたことはありますか。

　■教材への興味を高める発問である。
・病院の受付かな？
・マスクやトイレットペーパーが置かれている。
・トイレットペーパーが残り少ない方のために「1つどうぞ」と置かれている。
・アルコール消毒液がある。
・何だか温かい感じがする。

　生徒の気づきや感じたこと，考えたことをすべて受け止め，それらをすべて板書した。
　発言を書き留めたのち，「この受付を見て，先生はとても感動しました」と伝え，次の発問を行った。

■2 どんなことに感動したと思いますか。

　■写真に見られるさまざまな病院の工夫に意識を向け，気づきを共有するための発問である。
　教師自身の感動体験を伝えることで，この病院の工夫のよさを学級全体で共有したいと考えた。生徒たちからは，次の意見が出た。

・マスクやアルコール消毒が置かれていること。
・世間ではマスクや消毒液の買い占めが行われていて入手困難なのに，無料で患者さんに提供されていること。
・トイレットペーパーが品薄なので，困っている人に無料提供されていること。
・犬が苦手な人への配慮がされていること。
・たくさんのお客さんのことを考えて，いろいろな気遣いがされていること。

　「病院のさまざまな工夫に気づいたね。感性豊かだね」と伝えた。けれども，工夫自体が「わかる」ことと自分が「できる」ことは大きく異なる。遂行することは決して容易なことではない。この点を実感させたいと考え，次の発問を行った。

■3 ⊗ 自分自身も困っているはずです。ここまでやらなくてもいいのではないでしょうか。

　■行為の是非を考えさせることで，他者のために自らできることを遂行することの難しさをとらえさせるための発問である。
　院長自身にも生活がある。院長の立場で考えさせることにより，行為を行うことの難しさや尊さをとらえさせることができると考えた。

（○：賛成の立場）

・まずは自分の安全が優先されるべきだ。困っている人を助けたい気持ちはわからなくはないが，このような状況では力になれないのも仕方ないと思う。
・マスクやトイレットペーパーが足りなくなってあとで生活に困らなくてもいいように，今後のために蓄えておくということは，決して悪いことではない。

（×：反対の立場）

・困っている人は，世の中に大勢いる。少しでも困っている人のためになるなら，できることは進んでやるべきだ。
・自分のできる範囲でやっているはずだ。困っている人がいるのに，放ってはおけない。

生徒たちは，行為の尊さを理解しつつも「自らの生活を脅かしてまで行う必要はない」との想いと「困っている人が周りにいるならば，その人のためにできることを行いたい」との想いの狭間で揺れ動いていた。病院の受付で見られた一つ一つの工夫を遂行することがいかに難しいことであるかについて理解が深まってきたところで，次の発問を行った。

4 「病院の工夫」から，あなたが学んだことは何ですか。
■「病院の工夫」から学んだことを一人一人の言葉で言語化させることにより，今後の実生活に取り入れやすくする視点をもたせるための発問である。
ワークシートに箇条書きで書かせたのち，列指名を行った。
・自分だけが助かろうなどとは思わず，協力して乗り越えていくことが大切であるということ。
・自分にできる範囲内で周りの人のために行動することの大切さ。
・困っている人を見過ごさないこと。
・相手の立場に立って何ができるかを考えること。
生徒たちの考えを受け，次の発問を行った。

5 主「私は，生活するうえで周りの人たちのために工夫していることがある」と胸を張って言えますか。
■自分自身が集団の一員として役割を果たせているか振り返らせるための発問である。
「4：とても　3：まあまあ　2：あまり　1：まったく」の4択で考えさせたところ，3と2に意見が分かれた。それぞれの立場から生徒を指名し，理由を尋ねた。3と回答した生徒は，「自分の担当していない係であっても，ストローを配付したり配膳台を片付けたりと自分ができることを見つけて，率先して取り組んでいる」と回答した。また，2と回答した生徒は，「親に頼ってばかりで自分から行動には移すことができていないと感じたから」ということであった。学級や家族の一員

として，自分に何ができるかを一人一人が自らの立場で考えることが大切である。そこで，次の発問を行った。

6 主「4」に近づくために，今できることは何ですか。
■これまでの周囲の人たちとの関わり方を振り返らせ，今後の人との関わり方について考えるための発問である。
まず，個人でワークシートに記入させた。生徒たちがワークシートに考えを記入したのを見計らって，次の指示を出した。

> 1　教室内を立ち歩いてかまいません。たくさんの人と意見交流しましょう。
> 2　友達の意見を聞いて，「なるほど」という気づきや新たな発見があれば，赤ペンで書き足しましょう。3つ以上書けたら，着席します。
> 3　交流後，気づきを発表してもらいます。考えを整理しておいてください。

意見交流では，自ら進んでお互いの意見を交流する姿が見られた。しばらくすると，生徒たちが次々と着席し，発表の準備を始めたため，列指名により発言させた。生徒は，次のように発言した。
・学級内で困っている様子を見かけたら，その人が何に困っているか知るためにも，まず自分から進んで声をかけてみる。
・自分が得意なことで進んで手助けをする。
・自分のことばかりでなく，もっと周りに目を向けていく。
・困っていることがあれば，そのことを自分から周りへ伝えていく。
「一人一人が自分の立場でできることをたくさん考えてくれました。そうしたことに一人一人が取り組めば，さらにお互いが生活しやすい学級になりますね」とコメントし授業を終えた。

教材 病院の受付の写真

ワークシート

道徳ワークシート
1年（　）組（　）番　名前（　　　　）

○感動したのは？

○ここまでやらなくても……？（　賛成○・反対×　）
【理由】

○学んだことは？

○胸をはって言えるか？
（　4とても　3まあまあ　2あまり　1まったく　）
【理由】

○4に近づくために？

○授業で学んだこと，感じたこと，考えたことを
ワークシートに記入しましょう。

（福岡県　水流弘貴）

1年
2年
3年

アマビエに頼る心はどこから
13. 見えないものと向き合う

感　動	★★☆
驚　き	★★☆
新たな知恵	★★☆
振り返り	★★☆

web
1-13
授業用
パワーポイント

　コロナ禍の日本で妖怪アマビエが脚光を浴びています。自分の姿をかき写せば病の流行が防げると言って消えていったそうです。この妖怪が話題になる，そこには心の支えを求める人の気持ちが垣間見られます。不安のなかで暮らす生徒たちを過度に不安にさせるわけにはいきません。かといって楽観視させるわけにもいきません。正しく恐れるとはどんなことかを考えさせる授業です。

 『明治妖怪新聞』
湯本豪一：編　柏書房

■ 教材の概要 ■

　かつて日本には数多くの妖怪の伝承があり，そこにリアリティーを感じる民衆の姿があった。それらは近代化のなか，姿を消していったかに思われる。ところが明治時代の新聞記事にも多くの妖怪が登場する。

　アマビエと同じ存在であると思われるアマビコをはじめ，本書には多くの不思議な話が掲載されている。

■ 授業構成 ■

0	2		10		15		24	27	30		34		44		50(分)
	●発問● 妖怪を見たことがあるか・信じるか		●教材● 妖怪新聞		●発問● 事実と思うか・あった方がいいか		●説明● アマビエ	●発問● この妖怪の正体は？	●説明● アマビエの絵		●発問● あった方がよいか・効果があるか		●発問● アマビエはなんと語るだろう	

●発問● 次のアニメを知っているか

協働的な学び	班の中で交流して発表へと向かう。

■ 本時の授業を中心に見取った評価文の例 ■

　他とは違う視点から考えることが得意で，全体の考えを深めるようなアイデアを出していました。「アマビエ」の授業では，恐怖感を与えて詐欺をする人が今も昔もいることに気づき，恐れをつくるのもまた人間であるという考えを発表していました。

協働的な学びの度合い ●●●●●●　　授業準備度 ●●●●●●

ねらい

目の前の状態だけに左右されず，目に見えない価値や力を適切に畏れ，人間として望ましい生き方をしようとする態度を育てる。

D21［感動，畏敬の念］

準備

・教材（64ページに掲載）提示用
・画像（妖怪のアニメ・アマビエが機体に描かれたJAL航空機・アマビエのグッズ等）
・ワークシート・カード

授業の実際（3年で実施）

次のアニメの画像を見せながら最初の問いをした。

1 あなたは次のアニメを知っていますか。
　①ぬらりひょんの孫
　②妖怪ウォッチ
　③ゲゲゲの鬼太郎
■教材への興味を引き付ける発問である。

挙手をさせ，多くの生徒が知っていることを確認した。

2 あなたは妖怪を見たことがありますか，ありませんか。また妖怪がいると思いますか，いないと思いますか。
■自分の考えを確認するための発問である。

「自分の位置は，ワークシートの図の中のどこになるでしょう」と言って書き込ませた。

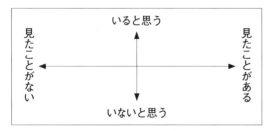

列指名をし，位置と理由を聞いた。次のような発表がなされた。
　・見たことがないし，いないと思う。誰も見た人がいないから。
　・見たことがないけど，いてもいい。世の中には不思議なことがあるから。

「昔の人と今の人では，どちらの方が妖怪がいると信じていたと思いますか」と尋ねると，皆「昔」と答えた。「近代化していくにつれ，日本は目に見えないものを否定する風潮が強まったんだね」と確認した。

「しかし，日本人は，目に見えない不思議なものをつい最近まで，結構身近に感じていたことを示す証拠があります」と言うと，生徒は，どういうことだろうという表情になった。

そこで，「明治時代の新聞の見出しを見てみましょう」と言って，『空飛び猫が逃げる東京日日新聞』など，教材を大きく提示した。

「これらは，『明治妖怪新聞』という本からの抜粋です。この本は明治時代の新聞に実際に載せられた妖怪などに関する記事を紹介しています」と説明し，他の記事も紹介した。

「先生，うそでしょ」という声が出たので，次の問いにすぐつなげた。

3 あなたはこの新聞記事が事実だと思いますか，思いませんか。またこういう記事があったほうがいいと思いますか，ないほうがいいと思いますか。
■妖怪を新聞でとりあげることについての考えを確認する発問である。

「自分の位置は，ワークシートの図の中のどこになるでしょう」と言って書き込ませた。

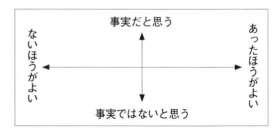

列指名をし，位置と理由を聞いた。
　・事実ではないけど，新聞が売れるからあってもいいと思う。
　・本当に近いことがあったのかもしれないので，あってもいい。

・事実ではないし，ない方がいい。嘘で新聞を売ることになるから。

「それでは，どんな記事があるのか見てみましょう。明治14（1881）年10月20日付『東京曙新聞』には3人連れの男が怪しい絵を売り歩いている様子が描かれています（前掲書p.190より）」と言って，次を提示した。

> 「天保の年，西海の沖に光を発する怪物が現われた。怪物は『私は海中に住み，天の神に仕える天彦である。今から三十年余りの後，世界が消滅する時期になり，人類が滅びるだろう。そのときに私の姿を紙に写して貼っておけば助かる』と言って消えていった」と3人の男が語った。
>
> （一部授業者により口語訳して提示）

続けて，「明治15（1882）年7月10日付『郵便報知新聞』にも次の紙を配ってまわった人物のことが書かれています（前掲書p.196〜197）」と言って，次を提示した。

> 　紙には猿に似た三本足の怪獣の絵と以下の内容の説明が書かれていた。
> 　「熊本に夜な夜な光り輝くものが出現し，猿のような声で人を呼ぶ。その存在は，『我らは海中に住むあま彦というものである。これより6年間豊作であるが，病がはやり6割の人が亡くなる。我らの姿をかき記す者は病にかからない』と語った」
>
> （同上）

４この妖怪の正体は何でしょうか。
■時代が過ぎてもアマビエを求める気持ちがあったことに気づかせる発問である。
すぐ「アマビエ」という声が出た。
「アマビエは，アマビコから転じた名前であると考えられています。アマビコは疫病退散の願いを込め，日本の多くの場所に広がりました。そして今のコロナ禍のなかで再び脚光を浴びています」と説明した。
アマビエグッズの写真等を紹介した。

飛行機の機体に描かれている画像を，どこに描かれているかわからない程度に部分的に見せた。そして少しずつ広げて見せていき，飛行機の機体に描かれていることを伝えた。

５ 対 あなたは，機体にアマビエが描かれたことは，よいと思いますか，思いませんか。また効果があると思いますか，ないと思いますか。
■自分の願いに気づかせる発問である。
「自分の位置は，ワークシートの図の中のどこになるでしょう」と言って書き込ませた。

班の中で3分ほど交流させた後，列指名をし，位置と理由を聞いた。
・効果がないし，お金をかけてまでする必要はないと思う。迷信だから。
・効果はないと思うが，あったほうがよい。勇気づけられたり，安心したりする人もいるだろうから。
・もちろんアマビエの絵を描いたからといって，全て解決ではないが，絵があることで勇気づけられることも事実だと思う。

６ 深 もしもアマビエが現在のコロナ禍の日本人に大切なことを伝えてくれるとすれば，どんなことを言うでしょうか。
■私たちに足りないことやできること，すべきことなどを考えさせる発問である。
「人間よ。病に負けないためには…」に続く形で書くよう指示をした。
・「…ジタバタしてもかなわないところがあるから，あせらないでいこう」
・「…人間が協力しあわなければならない」
・「…きまりを守ろうとするから感染対策がよくできているよ」
カードを準備し，書かせて教室掲示をした。

教材 明治時代の新聞記事の見出し 『明治妖怪新聞』湯本豪一：編　柏書房より

空飛び猫が逃げる（東京日日新聞　明治9年）p.12

雷獣の溺死体（郵便報知新聞　明治12年）p.13

奇獣の群れ稲襲う（朝野新聞　明治12年）p.14

水かきある小奇獣が田を襲う（朝野新聞　明治12年）p.14

黒い山男に遭遇（東京絵入新聞　明治16年）p.20

学校に天狗トカゲ（東京絵入新聞　明治10年）p.23

「鹿犬」を保護（絵入自由新聞　明治19年）p.28

空き地に降る石，やまず（東京日日新聞　明治8年）p.54

金魚が雀に変身する怪事（東京日日新聞　明治10年）p.123

神戸で牛が話す（朝日新聞　明治19年）p.131

四少年が天狗と遭遇（東京日日新聞　明治9年）p.148

木の葉をまとう天狗が遊ぶ（東京日日新聞　明治13年）p.151

河童が船で東京着（絵入自由新聞　明治18年）p.158

上半身魚，下半身獣の異魚上陸（東京日日新聞　明治5年）p.232

組みついて捕えた大入道は古狸（東京日日新聞　明治6年）見出しのみ

亡き父を装う狸を見事に成敗（郵便報知新聞　明治7年）見出しのみ

化け猫が島中の犬を食い尽くす（読売新聞　明治11年）見出しのみ

（北海道　千葉孝司）

1年		どんなときも自分で決めて生きる	感　動	★★☆
			驚　き	★★☆
2年		# 14. 人生の主人公は誰？	新たな知恵	★☆☆
			振り返り	★★★
3年				

web
1-14
授業用
パワーポイント

　新型コロナウイルスの感染拡大を受けて，国の要請により急遽3月から始まった休校。多くの生徒が最初は喜んだが，自粛生活やイベント縮小などで戸惑い，不安，さみしさを感じていた。休校という与えられた時間のなかで自分の生活を充実させることを考えさせるためにこの授業を創りました。

「中学生が考えた『コロナと私』」
イルム元町スクール　ウェブサイト　2020年6月27日

教材

「休校中のこと覚えておいて　あさのあつこさんメッセージ」
朝日新聞デジタル　2020年3月22日付

■ 教材の概要 ■

　休校中に中学生が書いた作文をいくつか集めたものと，子どもたちへ向けた作家あさのあつこさんのインタビュー内容を組み合わせて構成している。いろいろな立場の人の生活や考え方にふれ，休校中の自分を見つめ振り返ることで，その経験をこれからの生活に生かそうとする意識づけに適した教材である。

■ 授業構成 ■

0	3	8		15	22	28	32		41	45	50(分)
●発問● 生活が変化したことは何？	●発問● 休校中に考えたことは何？	教材1・2・3		●発問● なぜ心に残ったのか？	●発問● 友達の話から気づいたこと？	教材	●指示● ●発問● ●自己評価●		説明	●発問● 主体的に生きるには？	

協働的な学び　友達の意見を聞き，そこからの気づきや学びを書かせ，発表させる。

■ 本時の授業を中心に見取った評価文の例 ■

　あらゆる考え方にふれ，友達の意見を聞くなかで，物事は片方だけでなく，よい面・悪い面の両方を多面的に見て，自分で考え，判断して行動する主体性を深く学んでいました。

協働的な学びの度合い ●●●●● ●　　　授業準備度 ●●●●● ●

ねらい

中学生の作文などを通し，休校中の自分を振り返り，主体的に生きることについて考える。

D22 ［よりよく生きる喜び］

準備

・教材１・教材２・教材３（68ページに掲載）生徒数分
・あさのあつこさんのメッセージ
https://www.asahi.com/articles/ASN3P7WSTN3MUPQJ005.html
・あさのあつこさんの写真

授業の実際（１年で実施）

■1 新型コロナウイルスによって，生活で変化したことは何ですか。

■教材への興味を高める発問である。

想起しやすい発問なので，自由に発言させた。

・休校　・部活動中止　・イベント自粛
・店の休業　・マスクの生活
・外出自粛生活　・感染者死亡

■2 休校中に，自分が感じたことや考えたことは何ですか。

■教材への興味を高める発問である。

・最初はうれしかったけど，暇でつまらなくなった。
・友達に会えないさみしさ。
・行事縮小の悲しさ。
・コロナがなかったら，今どんな生活をしていたのだろう？
・いつまで続くのか？ みんなどうしているのか？ 自分はコロナに感染しないか？という不安。
・今まで学校に行けていたことは当たり前でなかった。

教材１～３，中学生が考えた「コロナと私」を配付し，発問内容（■3）を事前に伝え，意識させてから，教材を教師が読んで聞かせた。

■3 （心に残った作文を選び）なぜ心に残ったのですか。

■生徒たちの経験によって，３つある教材の中から自己判断して１つ選ぶという自己決定をさせる発問である。

教材１…３人
・「自分ぐらいいいだろう」という甘い考えが，家族や周りの人をコロナウイルスに感染させ，時には重症化するということや，目標を立てても具体的な方法を示さないと行動できないことがわかった。

教材２…８人
・新しい中学校生活を楽しみにしていたけれど，コロナで仕方ないと思った。しかし，休校中は退屈で，家族のことを考えてあげられなかった。休校中にできることや家族が幸せになるように何かをしてあげたかった。
・休校期間中だからこそ新しいことに挑戦して，うまく時間を，よりよく，温かいことに使っていると感じた。それに比べて私は情けないと感じた。なぜなら，暇だからと言って，時間を無駄にしていたからである。だから，この作文から時間の大切さをもっと考えていこうと感じた。

教材３…13人
・新型コロナウイルスの影響が悪いことばかりではなかったことに気づいた。悪いことばかりではなく，良い点を見つけて少しポジティブに考えるということも大事だと思った。
・コロナが流行りだしてから，悪いところばかりしか見ていなかったけど，実は良いことがいっぱいあって驚いた。それらを自分で気づけるようになりたい。

■4 友達の話を聞いて，気づいたことや感じたことは何ですか。

■多様な見方に触れさせるために，友達の意見を聞いて，さらに考えを深める発問である。

机間指導をしながら，それぞれの番号ごとに紹介する意見を選び，写真を撮って書画カメラに映し出して読み上げた。

・コロナの見方が変わった。悪いことばかりではなかった。
・コロナを通して，家族との関わり方や，自分の生活を見直していた人が多くて，すごいと感じた。
・コロナによって，不安にさらされていても，ポジティブに考えてみることは良いことだと感じた。
・みんなしっかり考えていると思って，自分もしっかり考えないといけないと思った。
・一人一人感じることは違うと改めて感じた。

「身近な大人以外にも，休校中の子どもたちを思ってメッセージをくれた大人に，作家のあさのあつこさんがいます」と言って写真を提示し紹介した。

以下の，あさのさんのインタビューメッセージ抜粋を大きく提示し読み上げた。

> いま世の中にはいやな空気があふれています。トイレットペーパーを買い込んだり，マスクをせずに街を歩く人を「非常識だ」と言ってみたり，デマや不正確な病気の情報に右往左往したり。これはウイルスのせいだと思いますか？
>
> 実はわたしには，今まで見えづらかった弱点や短所が，はっきり表れてしまっただけに思われます。「わたしとあなたはちがう」「ちがうから敵だ」「ちがうから許さない」。そう言って相手を攻撃して安心するのは，大人の社会だけでしょうか。学校ではなかったでしょうか。しかしそんな言葉は，今のような状況を悪くしても，良くすることはありません。
> （中略）
> 友達と会えない悲しみ，学校から解放された喜び，ドタバタする大人を見てうんざりした気持ち，医療現場などで必死に働く大人をすごいと思った気持ち。自分の言葉で友達や家族，大人たちに話してみてください。なぜならそれが，あなたたちが大人になった時，こんな騒動や危機を起こさない力になるからです。世の中を変える力になるからです。
>
> 「休校中のこと覚えておいて あさのあつこさんメッセージ」
> 朝日新聞デジタル　2020年3月22日付より一部転載

そして，次の問いで自己評価をさせた。

5 主 休校中の自分を振り返って次の3つを自己評価をするとどうなりますか。よくできている場合はＡ，まあまあできている場合はＢ，できていない場合はＣを記入しましょう。

■教材の内容をもとに自己評価の項目を作成し，さらに違った角度から自分を見つめる発問である。

○いじめたり，相手を攻撃したりしない。（ＡとＢが同程度で，Ｃはなかった）
○デマや不正確な情報，噂に振り回されない。（ＡとＢが同程度で，Ｃは1人であった）
○自分で考えて行動している（Ｂが1番多く，次にＡで，Ｃは1人いた）

生徒の自己評価が高いことがわかった。身近な人が感染し，それによっていじめや差別を受けたことを見聞きしていないと推測できる。

「中学生がマスクを手作りして寄付した行動によって，全国に活動が広がっていったこともありました。休校中，あなたにももっと他にできたことがあったかもしれないね」と言って，さらに休校中の自分に意識を向けさせるため，「あなたの人生の主役は誰かな」と投げかけると，一人の生徒が「自分」と答えた。周りもうなずいていた。

「どんなことがあっても，どんなときでもあなたの人生の主役はあなたなのですね」と言って，最後の問いをした。

6 主 主体的に生きるために，これからあなたは何がしたいですか。

■自己を見つめさせる発問である。

・友達とか，自分以外の人の意見に流されず，それは本当にいいことなのか，悪いことなのかを判断して，いいことなら真似をしたり，悪いことなら，やらないし，やろうとしている人を止められたりするようになりたい。自分のことだけじゃなくて，他の人はどんな気持ちなのか考えて行動できるようになりたい。

教材 「中学生が考えた『コロナと私』」イルム元町スクール　ウェブサイトより一部転載

2020年6月27日更新の記事　https://www.illume-edu.com/posts/8624515/

教材1　大人と私

「自分1人くらいいいだろう」この言葉が最近頭に浮かぶ。

大人は意外と想像力がない。

買い物をするために母と外に出ると，マスクをせずにランニングをしている人や，手を繋いで歩いているカップルや，大人数でスーパーに来ている家族を見る。マスクをしている人は多いが，自分が感染者かもしれないという事を考えてほしい。

小中高生は，学校に行けず自宅学習ばかりなのに，安倍首相は会見で，「みんなで協力」と言っていた。どこかで聞いたことあると思った。それは，学級目標だ。ただの目標であって，達成するための具体的な方法を呼びかけてはいない。それではお願いにすぎないし，それを聞いた人は行動してくれないと思う。私はそれを，学級委員をやっていても感じた。生徒が生徒に，「チャイム鳴ったから座って」と言っても効果がなかった。先生が怒鳴ってそれに従った。また，立ち歩いているとき先生が来た瞬間，いっせいに席に着く。先生に怒られるというような罰が無いと，行動することは難しいのだ。

私は，この休校中で，我慢強さが必要だと感じた。家にずっといるのは辛いことだから，少しくらいいいだろうと外出してしまう。感染しても，自分が死ぬことはないかもしれないけれど，家族や周りの人は重症化する可能性がある事を考えて，自分本位な生き方をしないように，コロナ世代として心がけたいと思う。

教材2　コロナからの始まり

この世界は今コロナという怪物のようなものに支配されています。

僕はこの年小学校を卒業し，中学校に入学しました。

新しい中学校生活を楽しみにしていたのに休校からの始まりとなってガッカリしました。でも僕は休校期間中のなかで，出来ることを探して新しいことに挑戦してみました。家族に食事をつくることにしました。

ある日の夕食には牛丼をつくりました。材料は牛肉，たまねぎ，家にあって入れたくなったのでごぼうも入れました。僕が好きな白滝も入れました。味付けは酒，砂糖，しょうゆ，みりんの順番で入れるといいと母に教えてもらい入れました。難しかったところは味つけです。

なかなか味が薄いままでしたが，うまく調整して美味しくなりました。最後に玉子とじにして完成しました。味はとても美味しくてご飯にあいました。思ったより大変でした。けれど美味しいと家族に言ってもらえてとても嬉しかったです。こんな体験などから料理をすることが楽しくなりました。

コロナのせいで出来なくなったことがたくさんありました。けれども新しく始められたこともありました。このようなタブレットでの勉強，オンラインの授業もそうだと思います。僕は今コロナという怪物から逃れるにはまず一人一人がコロナについて知ることが必要だと思います。そして自分の行動が世界にどんな影響をうけているか，そういうことを考えてほしいです。

教材3　コロナの恩恵

新型コロナウイルスは恐ろしい。

なんの罪もない人の命を容赦なく奪う。本当ならあったはずの明るい未来を容赦なく奪う。昨日あんなに元気に遊んでいた親友が，家族が突然この世から消え去ってしまう。感染予防のため，お葬式も出来ず死者は孤独な死を迎えたのだろう。なんて残酷なのだろう。

しかし，私は新型コロナウイルスの影響は悪いものばかりではないと思う。感染拡大防止のため，各国で自粛要請が出されたり，都市封鎖が行われたりした。

人間にとってはとても良いこととは言い難いが，皮肉なことに，地球にとって新型コロナウイルスは良い影響をもたらした面もあるようだ。

中国では，今年1月後半にロックダウンが始まってから，二酸化窒素の濃度が最大30％低減した。ロサンゼルスやマニラなど世界の交通渋滞ランキング上位を占める市も，高速道路が空いて，渋滞や排気ガスからの一酸化炭素排出量も減り，大気汚染レベルは改善している。自粛期間は，工場が閉鎖され，道路交通量も少なくなったことで，二酸化炭素の排出量が普段より少なくなったと考えられる。

また自粛要請により家で過ごす時間が増え私たちの生活が大きく変化した。働けなくなったことでまともに生活ができない人もいる。一方で，私は普段の生活から解放されたようにも思えた。普段の生活は，朝起きたら学校へ行き，部活動を行い，帰宅後すぐに塾へ向かう。その後，帰宅して，寝るだけ。このような生活が繰り返される。もちろんこの生活が幸せだという人もいるだろう。毎日友達に会って充実した日々を過ごせるのだから。ただ，私は少し嫌だった。なぜなら，この生活に家族の時間は含まれていなかったからだ。

この自粛生活が始まって，家族と過ごす時間が圧倒的に増えた。時間も増えた。自分の好きなことができるようになった。一つのことにたくさんの時間をかけることができる。私は正直今の生活の方が好きかもしれない。

（宮崎県　藏屋瑞代）

コロナ禍と
結びつく教材

コロナ禍で起きている，人間の気高さを感じられるような陽の場面やさまざまな陰の場面。これらに対する道徳的な構えは，実はコロナ禍に限って起きたことではなく，今までも他の場面でよく出くわし，道徳科でもそのことを取り上げてよく考えてきたものです。例えば危機と遭遇し緊張状態のなかで起きることを考える災害の場面であったり，例えば情報モラルの問題であったり，例えば職業におけるプロ意識の問題であったりなどです。「場」は異なれど「構造」が同じ。だから，そこで考えたことが，そのままコロナ禍の問題にも結びつくタイプの道徳授業。この章にはそのような実践が8本集まりました。

第2章　コロナ禍と結びつく教材

15. 報復の連鎖の歴史とやなせたかしさんの絵本から，仕返しなど適切ではない目標によって生じる悩みや苦しみなどに気づき，設定した目標の是非について考えさせる **「チリンのすず」**

16. 泉谷しげるさんの災害現場での破天荒と思われがちな言動と，その行動に隠された優しさなどを考えることを通して，自ら考え判断し責任をもてるような力を高める **「チャリ男・泉谷しげるさんの思い」**

17. 社会問題にもなったSNSにおける誹謗中傷の問題を分析的に考え，冷静で，節度を保って行動し，そのことに責任をもとうとする意識を高める **「先を考えた行動」**

18. ネット上での犯人さがしの事件とやなせたかしさんの絵本から，「許せない」という怒りや焦りが，取り返しのつかない結果をもたらす可能性があることに気づき，公平に対応する判断力を高める **「許せない気持ち」**

19. マツヤ万年筆病院の店主の仕事に対する信念から，お客さんを幸福にすることの意味を考えながら，仕事をする上で大切なことについて考える **「万年筆の病院」**

20. 合唱曲『群青』などの歌詞に思いをはせ，仲間の大切さに気づき，困難を共に支え合い乗り越えていこうとする思いを高める **「群青」**

21. 「がんばって」など思いやりある日本語の多義性を考え，言葉を深く理解し，相手の立場を思いやる言葉を使おうとする態度を育てる **「思いやりの日本語」**

22. やなせたかしさんの2冊の絵本『チリンのすず』『キラキラ』から，人間がもつ自らの弱さや醜さを克服する強さや気高く生きようとする心とその難しさを考える **「チリンとキル」**

　教師から「コロナ禍で起きていることだよね」と誘導して生徒が「そうかなあ」と思うような展開では再考の余地があります。生徒が「これって，コロナ禍でも起きているよね」と自ら気づけるような展開が必要です。そのことを通して「今」を考える汎用性の高い授業であると判断できます。

| 1年 |
| 2年 |
| 3年 |

目標を誤ってはならない

15. チリンのすず

感　動	★★☆
驚　き	★★☆
新たな知恵	★★★
振り返り	★☆☆

web
2-15
授業用
パワーポイント

　いじめの指導をしていると，「小学校のときにいじめられていたから，やり返した」という話を聞くことがあります。テレビ番組のセリフにも「倍返しだ！」などもありました。しかし，仕返しをしたところで，そもそも憎しみからは何も生まれません。憎悪の感情が巨大化しつつあるコロナ禍のなかに考えさせたいことです。

 ### 『**チリンのすず**』
やなせ・たかし：作・絵　フレーベル館

■ 教材の概要 ■

　狼のウォーにお母さんを殺された子ひつじチリン。まさか，チリンは，ウォーの弟子になるのでした。強くなろうとウォーの訓練に耐え，獣のようになったチリンは……。チリンの悲しみが読者の胸に突き刺さります。

画像提供：フレーベル館

■ 授業構成 ■

0	2	5		10	13	16		21		26	29		35	38		45	47	50(分)
●発問● 仕返し タイプ?	●発問● どんな 仕返し?	● 解説 ● ビンラディン?		●発問● どのような 子ども?		絵本	●発問● どんな思い?		●発問● チリンはどう する?		絵本	●発問● チリンはなぜ 弟子に?		絵本	●発問● チリンは 幸せか?		絵本	●発問● どこが印 象に残っ たか?

協働的な学び　6人班で発散的に考え，立場が違う生徒同士で対話をする。

■ 本時の授業を中心に見取った評価文の例 ■

　道徳の学びをさらに深めようとする姿がよく見られました。特に『チリンのすず』の授業では，かたきを討っても悔いているチリンの寂しそうな姿に，今まで自分が知っている物語との違いを感じ，その意味をいろいろな視点から考え追究していました。

協働的な学びの度合い ●●●☆☆　　授業準備度 ●●☆☆☆

ねらい

　目標を設定し，困難を乗り越えてやり遂げても，適切な目標でなかったら悩み苦しむこともあることに気づき，設定した目標の是非についてよく考えようとする道徳的態度を育成する。　Ａ４［希望と勇気，克己と強い意志］

準備

・教材（74ページに掲載）生徒数分
・『チリンのすず』　提示用
・ワークシート　生徒数分

授業の実際（3年で実施）

性格クイズのような問いで楽しく始める。

■ あなたは，誰かから嫌なことをされたら，「仕返しをしたい」と思うタイプですか。思わないタイプですか。次の４つのうちいちばん近いものを選びなさい。
1　強く思う　　　　2　わりと思う
3　あまり思わない　4　全然思わない
■本時に考えることに対する自分の態度を確かめさせる発問である。

　挙手させると，「強く思う」が３人，「わりと思う」が８人，「あまり思わない」が21人，「全然思わない」が４人であった。これらの結果を聞いてどう思ったか，ペアで数秒だけ話し合わせた。

■ あなたは今までどのような仕返しをしましたか。
■教材への興味を高める発問である。

　「（誰）に（何）をされたので，（何）をして仕返しをした」の形でワークシートに書いてみるよう指示した。書いた生徒が２人いたので，内容を確認して発表させた。人を傷つけるようなことを書いていれば発表させない。
　・親自身はスマホばかり見ているのに，自分ばかりスマホを取り上げられたので，

文句を言って仕返しをしたが反撃された。周りの生徒に賛同するか聞くと，文句はよくないけど気持ちはわかるという声があがった。
　・相手のサッカー選手にユニフォームを引っ張られたので，引っ張り返して破って仕返しをした。破くまでやったのはやり過ぎ。
　同じようなことを，部活でやったとかやられたという生徒が多くいた。
　「仕返しをすることを違う言葉で表すと『復讐』という言葉が当てはまります。意味は，かたき討ちをするとか，仕返しをするとかです。報復とも言いますね。先の２人も，親や対戦相手に復讐したと言えるかもしれませんね」と言って，"復讐"と板書した。生徒から「それは言い過ぎと思う」という声も出た。
　「復讐と言えば同時多発テロが連想されます」と説明をし，写真を提示した。続けて，「首謀者と言われるオサマ・ビンラディンはサウジアラビア出身で，国際テロ組織アルカイダを設立した人です」と言い，教材を配付し，時系列で説明した。
　湾岸戦争のときのアメリカに対する恨みなどからテロ行為，そのテロに対してアメリカ軍の爆撃，それに対して同時多発テロ，アメリカ海軍の作戦というように，復讐の応酬の様子を生徒は静かに聞いていた。

■ ビンラディンは幼少の頃どのような子どもだったと思いますか。
■国際的なテロリストにも，もともとは人間的な側面があることを確認し，教材へとつなげる発問である。

　①普通の子②気性が激しい子③優しい子の３択で挙手させると，②と③に挙手する生徒が多かった。
　「ビンラディンの母親ガネムさんによると，内気で頭のいい少年だったそうです。幼少のころは本当にまっすぐで学校の成績もとても良く，勉強が大好きな子だったと語っています」と説明した。生徒から「まあ，普通の子ですね」という声があがった。
　「アンパンマンで有名なやなせ・たかしさんの『チリンのすず』という絵本は復讐につ

いて描かれた絵本です。授業の後半はこの本に描かれている『復讐』について考えてみましょう」と言って，拡大提示機を使い大きく見せながら，絵本の初めから13ページまでを読んだ。おおかみのウォーに母親を殺された子羊のチリンがウォーの住む山に登り，眠っているウォーの所に行き着くまでである。

❹チリンはここでどうすると思いますか。
■絵本の展開に興味を高める，軽い発問である。
すぐ4人が発表した。
・寝ている相手を起こして，闘いを挑む。
・寝ている間に襲う。
・謝らせる。反省させようと説得する。
・やはり怖くて逃げる。
絵本の14〜15ページの見開きを読んだ。意外にも，チリンはウォーの弟子になることをお願いするのである。

❺チリンはなぜ弟子になるのでしょう。
■絵本の展開に興味を高める，軽い発問である。
挙手した生徒3人が発表した。
・強くなりたい。　・油断させようとした。
・勝ち目がないとあきらめた。
絵本の続きの，母親のかたきを討つところ（16〜29ページの7行目）までを読んだ。
「ついに母親のかたきを討ちましたね」と言って次の問いをした。

❻ 対 深 チリンは結果，幸せな気持ちになれたのでしょうか。なぜそう思いますか。
■教材の内容から道徳的な価値をより深く考えるための発問である。
3分ほど時間をとって書かせた。
挙手により数を板書した後，6人班でそう考えた理由を書いたワークシートをもとに話し合わせた。自分で考えた理由を言った後に，コメントを言う方法で進めた。
なれた…21人
（理由の例）
・母親のかたきがやっと討てたから。

・長い時間努力したことが達成できたから。
・絶対に強かった相手に復讐できたから。
なれなかった…15人
（理由の例）
・かたきとはいえ，一生懸命教えてくれた相手だから。
・やはり殺してしまってはいけない。
・一緒に生活するなかで，自分を信頼してくれていた相手だから。
・チリンの母はうれしくないだろうから。
立場が異なる生徒同士で質問し合うよう指示をした。批判的に考え合うことで，考えを深めさせた。
絵本の続きの，29ページの8行目〜31ページの最後までを読んだ。生徒も黙って聞いていた。

❼ 対 どこが印象に残りましたか。
■かたきを討つことで生まれる苦しみについて気づかせる発問である。
絵本を教師が範読して，印象に残った言葉のところで挙手をさせた。「おまえに　やられて　よかった。おれは　よろこんでいる」という最後のウォーの言葉（29ページ）や，「しかし　ぼくのむねは　ちっとも　はれない」「おまえを　すきになって　いたのだ」「もう　ぼくは　ひつじには　かえることが　できない」（30ページ）のチリンの言葉が挙げられた。
4人班をつくり，どうしてそこだと思ったかの理由を話し合わせた。しんみりと発表するのをしんみりと受け止める姿が見られた。
「この絵本の作者であるやなせ・たかしさんは，何を訴えたかったのでしょうか。それは，どんなことでしょうね」と言って，今日の授業から学ぶことがあるとしたらどのようなことか，ワークシートに書かせて授業を終えた。「恨みを晴らすことをよいとはいえないことがわかった」「憎しみからは何も生まれないという道徳授業を思い出した」などと書かれていた。

教材 「オサマ・ビンラディン」

　サウジアラビア出身。国際テロ組織アルカイダを設立し初代司令官を務める。

- 1990年から1991年にかけて，イラク，クウェート，サウジアラビア等の国家地域で起きた，イラクとアメリカを中心とした多国籍軍によって行われた湾岸戦争で，ビンラディンは，メッカとマディーナという2つの聖地を抱えるサウジアラビアに異教徒のアメリカ軍が駐留していることをイスラム教の教えに反すると考え憤慨し，批判を繰り返す。サウジアラビア王家はビンラディンを国外追放。
- 1992年，イエメンでアメリカ軍が滞在するホテルが爆破され，1993年，ニューヨーク世界貿易センターが爆破される。
- 1998年，タンザニアとケニアのアメリカ大使館がほぼ同時刻に爆破される。テロへの報復として，アメリカはアフガニスタンとスーダンのアルカイダ関連施設へミサイルによる爆撃を実施。
- 2000年，アルカイダのテロリストがアメリカ海軍の駆逐艦に自爆攻撃。
- 2001年，アメリカ同時多発テロ事件勃発。アメリカを中心とする有志連合諸国はアフガニスタンへの空爆を開始。アフガニスタンのタリバン政権は崩壊。
- 2011年，アメリカ海軍の作戦によりパキスタンに潜伏していたビンラディン殺害。

【参考文献】『池上彰が読む「イスラム」世界』池上彰：著　KADOKAWA，『ビンラディン対アメリカ報復の連鎖』角間隆：著　小学館文庫，『オサマ・ビンラディン野望と実像』ミハエル・ポーリー，ハリド・デュラン：著　日文新書

- その他，参考にした資料
「家族は"ビンラディンの呪い"を葬り去れるのか」（クーリエジャポン）
https://courrier.jp/news/archives/135411/

本教材を扱うときの注意点

　オサマ・ビンラディンはたくさんの人の命を奪っており，道徳教材として望ましいものではない。扱いは最小限にしたい。復讐が何度も相互に起きたことを押さえることが目的である。
　また，絵本『チリンのすず』ではチリンが復讐をするシーンがある。しっかりと道徳の授業で考えることができる学級でこそ実施したい授業である。

やなせ・たかしさんの絵本について

　いちばん有名なのは「アンパンマンシリーズ」である。やなせさんの平和観や正義観が描写されており，道徳教材にもよく扱われる。
　ほかにも以下の絵本は道徳の教材化ができる可能性が高い。本書では3冊の教材化，4領域それぞれ1本の授業を提案している。

『チリンのすず』フレーベル館
『やさしいライオン』フレーベル館
『ガンバリルおじさんのまめスープ』フレーベル館
『ハルのふえ』小学館
『キラキラ』フレーベル館
『さよならジャンボ』フレーベル館
『そっくりのくりのき』フレーベル館
『しろいうま』フレーベル館
『すぎのきとのぎく』フレーベル館
『かぜのふえ』佼成出版社

（熊本県　桃﨑剛寿）

| 1年 | | |

他人の評価を気にせず自らの意志で行動する

16. チャリ男・泉谷しげるさんの思い

| 2年 | |

| 3年 | |

感　動	★☆☆
驚　き	★★★
新たな知恵	★★☆
振り返り	★★☆

web
2-16
授業用
パワーポイント

　中学生は人生としての経験不足から，外見や現象面で人を判断したり，他からの意見を意識しすぎたりして，自分の意志に責任をもつことを避けようとする傾向があります。泉谷さんは，その言動からいろいろな場面で物議を醸す場面がありますが，その行動のウラにはさりげない優しさがあふれています。とはいえ，生徒にはおかしい部分については「おかしい」と判断してほしい。そんな願いのもとでこの授業を創りました。

「『ロックは現実逃避なんだ』被災地行く泉谷しげるの思い」

教材　朝日新聞デジタル　2018年3月11日付
「阿川佐和子のこの人に会いたい」
週刊文春　2020年5月28日号

■ 教材の概要 ■

　ミュージシャン泉谷しげるさんは，数々の被災地に赴いて歌ってきており「チャリ男」と呼ばれている。ところが，その行動はいろいろな場所で批判を浴びている。だが，その行動のウラには泉谷さんなりの意志がある。行為が及ぼす結果や自己の責任において意志を決定することを理解させるのにとても適した教材である。

■ 授業構成 ■

0　　3	5	10　12	17	21	28	35	40	47　50(分)
●発問● チャ○ 男？	写真	●発問● この人は 誰？	教材 1	●発問● なぜチャリ ティ？	●説明● 泉谷さん	●発問● 正しいか	●発問● なぜこのような 態度を？	教材2

（正しいか欄は下に続く）
●発問●
正しいか
振り
返り

協働的な学び　心情円盤で心情の変化を見える化し，協働的な交流に役立てる。

■ 本時の授業を中心に見取った評価文の例 ■

　表面的な行動や言動で間違っていると判断する考えから，最初から否定するのはよくないと振り返るなど，外見だけで判断しないことを学んでいました。

協働的な学びの度合い ●●●・・・　　授業準備度 ●●●・・・

ねらい

自身の行為について，自ら考え，判断し，決定し，責任をもてる力を高める。

A1［自主，自律，自由と責任］

準備

・教材1，教材2（78ページに掲載）生徒数分
・心情円盤

授業の実際（3年で実施）

「チャ○男」と板書し，**1**の発問をした。

1 「チャ○男」○の中にカタカナ1字を入れてください。

■教材への興味を高める導入の発問である。

すぐに多くの生徒から「ラ」という声が返ってきた。「チャラ男。聞いたことがある言葉ですね。たとえばどんな人ですか？」と聞くと，芸能人の名が数名挙がった。冗談のつもりで授業者の名前も挙がってきた。

そして泉谷しげるさんの写真を大きく提示して，次の問いをした。

2 この写真の人を知っていますか。

■教材への興味を高める発問である。

熊本地震の復興支援活動に来ていたので，生徒の多くは「顔は知ってる」という反応を示した。名前を言える生徒が1人いた。「そうです。泉谷しげるさんです。泉谷さんのことを『チャリ男』と呼ぶ人もいます」と伝えたあとに，先ほど板書した○の中に「リ」を入れた。「『チャリ男』というのは何の略でしょうか」と聞いてみたが，わからないようだったので，その言葉の意味を説明した。

「『チャリ男』は泉谷さんがチャリティ活動に熱心なために付いた愛称で，今は亡き忌野清志郎さんもこう呼んでいました」と伝え，チャリティの意味，そして，ボランティアと

の違いについても簡単に説明した。

教材1を配付し，教師が読んだ。その中にある泉谷さんが被災地に行く理由のキーポイント部分を確認し，以下の内容を板書した。

・音楽っていうのは，大変なときに役立つものです
・日頃からお世話になっているから「おい！大丈夫か！」くらいの声はかけないと

次の問いに移った。

3 人は，なぜチャリティ（ボランティア）活動をするのでしょうか。

■支援の目的について理解を深める発問である。

発問について考えさせる前に，生徒自身の活動経験の有無を聞いた。

ある…12人　ない…23人

そのうえで，「経験がある人は，そのときの自身の気持ちを思い出して，経験がない人は，想像で答えてください」と聞いた。経験が「ある」と答えた生徒と「ない」と答えた生徒をそれぞれ全員立たせて聞いた。

すると，以下のような内容が出された。

＜ある＞

・癒やすことができる。
・役に立ちたい。
・人の助けになる。

＜ない（想像）＞

・人の幸せのために。
・周りがやっているから。
・環境保持のため。

「ところで，泉谷さんはどんな行動をとっていたのでしょうか。紹介します」と伝え，行動（言動）を紹介した。

・被害者面すんじゃねえぞ
・みんな被害に遭ってんだ。甘えるな！
・奥尻島で花火大会をやろうと10万円分くらいの花火を買ってきて，子どもたちを集めた。打ち上げ花火を子どもたちに持たせたまま踊らせた。

「泉谷さんの行動（言動）に対して，被災地の人たちはどんな反応を示したでしょうか？　君たちだったらどんな気持ちになりますか」と問いながら，実際の反応を紹介した。

> ・泉谷さんと言い合いになった。
> ・「（泉谷さんに対して）もう来んな」

「そうなりますよね」と共感しつつ，次の発問をした。

4 🖤 泉谷さんの行動（言動）は正しいと思いますか。

■行動の是非を判断させるための発問である。

どちらかを選ばせ，ワークシートにも心情円盤で表させた。その後，挙手によりそれぞれの人数を確認し，黒板に集計結果と心情円盤でも表した。

正しい…0人　正しくない…35人

この後，「正しい」グループと「正しくない」グループに分かれて意見を整理させる予定だったが，一方的な結果となったので，4人班をつくらせ意見の交流をさせた。

机間巡視をすると，全員が「正しくない」と挙手してはいるが，心情円盤では4分の1〜5分の1の割合で「正しい」という心情を示していた生徒が多く見られた。

その後，各班からの発表を求めると以下のような意見が出された。自然と「正しい」という部分の理由も出された。

＜正しくない＞
・そんなことを言う権利は（泉谷さんには）ない。
・やりすぎである。
＜正しい（部分もある）＞
・楽しませたい気持ちがあったのでは。
その後，次の発問をした。

5 泉谷さんは，なぜこのような行動（言動）をとったのでしょうか。

■違った視点から考えさせるための発問である。

しばらく考えさせた後，挙手によって発表

させた。以下のような意見が出された。
・弱気にならないでほしいという気持ちから言った。
・自分ができることを行動にした。
・少しでも復興してほしいという思いから。
意見が出尽くしたところで，教材2を配付し，教師が読んだ。その後，内容のポイントを絞って以下の内容を板書した。
・「勝手に来てる」と思ってもらったほうがお互いに気楽。
・「助ける」っていうのは生意気。だからあえて自分はバカにされることをしている。
・「泉谷を責めればいいんだ」と思わせ，グチや怒りを出してもらう。
・問題は今後もいろいろと出てくる。自分のやってることは微力だがやり続けたい。

6 🖤 再度聞きます。泉谷さんの行動（言動）は正しいと思いますか。

■生徒の心情の変化をみる発問である。

どちらかを選ばせ，ワークシートにも心情円盤で表させた。その後，挙手によりそれぞれの人数を確認し，黒板に集計結果と心情円盤でも表した。以下のような結果となった。

正しい…23人　正しくない…12人

心情円盤においても，ほとんどの生徒が「正しい」方の割合を増やしていた。

最後に，振り返りの時間をとった。以下の5つの視点を与えて，どれについてでもいいので自由に記述するよう指示し，書かせて授業を終えた。

> ①新しい発見や気づき
> ②納得，共感したこと
> ③まだモヤモヤしたり疑問に思ったりしていること
> ④これから取り組んでみたいこと
> ⑤授業の感想

教材 **教材1　「ロックは現実逃避なんだ」被災地行く泉谷しげるの思い**

朝日新聞デジタル　2018年3月11日付　https://www.asahi.com/articles/ASL380BR8L37UCVL02P.html

　「大変な時こそやらないと意味がないと思うタイプなんだ。こっちから出かけて行って，みんなに会って『おい！大丈夫か！』ぐらいの声はかけないとね。日頃からお世話になっているわけだからさ」

　雲仙普賢岳噴火（1991年），北海道南西沖地震（93年），阪神大震災（95年）などで独自に慈善ライブを展開してきた。（中略）苦境にある人の元へ音楽を届けることに尽力してきた。

　「ロックは現実逃避なんだ。転んだ子どもに母親が『痛くないよ』と言ってさするのと同じ。ある種の暗示でもって，痛みを一時的にどう忘れさせるかなんだよ」。だからこそ，震災の年にアラバキを開き，被災者に向けて歌を届ける意味は大きかった，と語る。

教材2　「阿川佐和子のこの人に会いたい」

週刊文春　2020年5月28日号

泉谷　被災地の救済みたいなことをしても，現地の人を被災者扱いしない。

泉谷　そういうのって，生意気じゃないですか。むしろ僕は被災者の方からバカにされるようなことを平気でやるんです(笑)。

泉谷　奥尻島のとき，最初にイベントに行った一年後に，再び行ったんです。そこで，花火大会をやろうと僕が言い出して，十万円ぶんくらいの花火を買って，子どもたちをグラウンドに集めた。そこで打ち上げ花火を手に持たせたまま踊らせちゃったの。マイムマイムとか言ってさ。そしたら，子どもたちが煙を吸っちゃって，ゲホゲホ言い出してね。他にも火の粉が当たってズボンが焼けちゃった子もいて。

泉谷　被災者のお母さんたちから「あんた，もう来んな」って怒られましたよ。でもそのくらいのことはすべきだと思うんです。

阿川　泉谷さんは意図してそうなさったんですね。

泉谷　そうそう(笑)。ほんと困った人だなと思われるように。偉いわけではなく，間違ったこともするんだと分かってもらわなきゃいけないから。

阿川　そっか，慰めてもらう立場にい続けると，どうしても弱くなっちゃう。けれど，「ふざけんな，バカヤロー！」と怒っていると，立場が一気に逆転して，それだけでも元気になれますね！

泉谷　泉谷を責めればいいんだ，となるわけです（笑）。

（中略）

阿川　実際，今回のコロナ問題で，お店を閉めざるを得なくなったり，仕事を切られちゃったりする人たちに対して，泉谷さんだったらどういう風に声をかけられますか？

泉谷　相手によりますけど，ほんとに突破口がないのかどうか，もう一回よく自分の世界を見つめ直してほしいって言いますかね。なにかあるんじゃないかと。まずは探してみてほしい。あとは周りの人と繋がっていることが大事かなあ。愚痴でも何でも言ったほうがいいと思うんです。

阿川　あ，愚痴は言ったほうがいいですよね，賛成！

泉谷　怒りはもう，どんどん出したほうがよろしいかと思いますよ。溜めないことですよね。文句を言い終わったら，じゃあどうするんだという話をせざるを得なくなる。そこまでは愚痴っていいんです。

※授業者（池部）により一部抜粋・改変

（熊本県　池部聖吾智）

| 1年 | 2年 | 3年 |

自分も当事者になる可能性がある

17.先を考えた行動

感動	★☆☆
驚き	★★☆
新たな知恵	★★☆
振り返り	★★★

web
2-17
授業用
パワーポイント

　現代社会では，多くの人がスマートフォンやタブレットなどを使用し，ネットニュースやSNSといったツールを利用しています。また，誰でも気軽にコメントすることが可能です。時には，そのコメントによって大切な命をも奪いかねません。そういったことが絶対に起こらないよう，行動していくためにはどうしたらよいか考えてもらいたい，自分の言動に責任をもってもらいたいと思い，創った授業です。

　テレビドラマ「3年A組 ―今から皆さんは，人質ですー」
※ブルーレイやDVD，配信など

■ **教材の概要** ■

　たびたび報道などで取り上げられるSNSなどでの誹謗中傷が原因で大切な命が奪われてしまったというニュース。その都度，問題視されてきたSNSでの誹謗中傷。そんな事件から，人はどうして人を誹謗中傷してしまうのか。それをしないためにはどうしたらよいのか。ドラマ「3年A組」のワンシーンを見て，より深めたい。

■ **授業構成** ■

0	5	10	15	20		45	50(分)
●発問● SNSとは？ 特徴は？	●発問● これらの出来事の問題点は？	●発問● どんな気持ちで見ていた？	●発問● どんな気持ちで書き込んだ？	●発問● なぜ行動に移さない？		資料	振り返り

　　協働的な学び　いろいろな方法を考え，話し合い活動をする。

■ **本時の授業を中心に見取った評価文の例** ■

　人と関わるときには，自分の言動が相手を傷つけてしまうかもしれないということを考えながら，先のことを考え，節度のある言動をしていくことが大切であると考えました。

協働的な学びの度合い ●●●●○　　授業準備度 ●●●○○

ねらい

SNSにおける誹謗中傷の問題を考えることを通して、節度を保って言動ができることを分析的に考え、冷静に考えていこうとする道徳的態度を育てる。　　　A2［節度，節制］

準備

・ドラマ「3年A組」の最終回のセリフ　生徒数分
・SNSでの誹謗中傷について取り上げた新聞記事
・ワークシート　生徒数分

授業の実際（3年で実施）

「今では当たり前のように中学生も多くの人がSNSを利用していますよね」と言って授業の最初に次のような発問をした。
※最初の発問をする前に、タブレット端末でアンケートを実施し、リアルタイムで実態調査をしてもよい。

❶SNSとはどういったものが挙げられますか。また、どういった特徴がありますか。

■教材への興味を高める発問である。
・LINE　　　・Instagram　　　・Facebook
・Twitter　　・TikTok

生徒たちから続々と、以上のSNSアプリの名前が聞こえてきた。
・連絡手段として便利。
・多くの人と関わることができる。
・いろいろな情報が手に入れられる。

「便利なもので上手に使うとみなさんにとっていい点がたくさんありますね。ただ、その反面、良くないこともありますよね。時にはそれで命を落としてしまう人もいます」と言い、いくつかのSNSでの誹謗中傷を取り上げている新聞記事を見せ、次の発問をした。

❷これらの出来事の問題点はなんですか。

■問題点を確認し、これから思考を深めていくための発問である。
・不特定多数の人が1人に対して心ない言葉をコメントしている。
・誹謗中傷を書き込んでいる。
・匿名性ということを利用し、軽い気持ちで書き込んでいる人がいるのではないか。

次にそのような書き込みをされた人について考える発問をした。

❸心無い書き込みをされた人は、それを見てどんな気持ちになるでしょうか。

■多面的多角的に捉えさせ、学びを広げる発問である。

ワークシートに書かせるのではなく、その場で考えさせ発言を拾い上げていく。
・なぜ、自分はこのような投稿をされてしまったのだろう。
・自分は悪くない。
・怖い。
・なんでこんなに悪く言われなければならないのだろう。
・悲しい。
・もう自分の投稿ページを見たくない。

書き込まれた側の気持ちを想像し、嫌な思いしかしないことを確認した後、別の角度からの見方を考えるために、次の発問をした。

❹誹謗中傷した人たちはどんな気持ちでその人に対して誹謗中傷をしたのでしょうか。

■多面的多角的に捉えさせ、学びを広げる発問である。
・投稿を見てイラっとした。
・周りが書き込んでいるから。
・投稿した人は、どうなってもいい。
・軽はずみな気持ち。
・自分が言ってもバレないからいいだろう。

意見がある程度出た後に、「いろんな気持ちがあると思います。でも、相手が傷つくことを言ったり、書き込んだりしてはいけないということは今までにもたくさん学習してきたし、みんなはもうわかっているよね」と言

うと，生徒たちはうなずいて聞いた。「そこで今日は，みんなに次のことを考えてほしいと思います」と言って次の問いをした。

⑤ 対 深 不快な思いをしても，嫌なことを言ったりコメントしたりしない人がいます。なぜ踏みとどまれるのでしょうか。
■未然にトラブルを防ぐためには，どういう気持ちをもち，行動すればよいかを考える発問である。

タブレットを使用し，事前に準備したロイロノートのシンキングツールにあるウェビング図を使用し，個人の考えを書かせた。

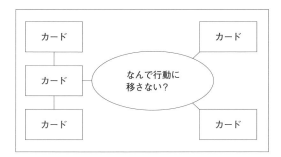

タブレットを使用した授業では，考えさせたい内容によってシンキングツールを選ぶとよい。（82ページに例示）

タブレットを使用しない場合は，付箋紙で代用し，書かせてもよい。

生徒たちが考えている途中で，次のような補助発問をした。

「SNSなどの1つの炎上で何％の人が誹謗中傷を書き込んだりしていると思う？　ある研究結果によると，過去1年間以内に炎上に参加している人は，約0.5％しかいませんでした。残りの99.5％の人はしてないのに何でこんな問題になっているのだろう？　問題にならないために99.5％の人たちはどんな考えをもっているのだろう？」

生徒は，再び考え，カードにどんどん記入していく。

「みんなたくさんの考えをカードに書いてくれました。今度はそれを班内で発表し合い，たくさん出た考えのなかから，これからみんながSNSなどを使用する際，大人になっ

ても意識してもっていたほうがよい考えを5つに絞り，ロイロノートの「くまでチャート」を使ってまとめてみましょう。そして班長のタブレットから提出箱に提出をしてください」

班長を中心にお互いの意見を共有し，考えを整理させた。また，ここでは，各班のまとめたものを全員が見られるよう回答を共有した。全班の提出が済んだ後，いくつかの班に発表させた。

付箋紙を使用した場合は，台紙にまとめさせ，黒板に貼らせたり，各班の所に見にいかせるとよい。

チャートにまとめた生徒の意見には次のようなものがあった。

・興味がない・自分にメリットがない。
・自分がされたら嫌なことはしない。
・書き込みした後のことを考えているから。
・相手の気持ちを考えた。
・そもそも関わる必要がないから。

発表をさせた後，「先生も含め，誰でも何かがきっかけで誹謗中傷をする人になる可能性があります。可能性をゼロに限りなく近づけるためにこれから先どうすればよいのか教えてくれている人がいます」と言ってドラマ「3年A組」のあらすじを説明し，最終回での菅田将暉さんのセリフをスクリーンに映し，読み聞かせた。

生徒たちは，真剣な表情でスクリーンを見ながらセリフを聞いていた。

その後に，「これはSNSだけの問題ではなく，普段の人間関係のなかでもあり得る話だよね」と言って次の発問をした。

⑥今までの自分を振り返り，今日の学習で学んだことをワークシートに書きましょう。
■自分事として考えさせる発問である。

3分ほど考えさせ，ワークシートに書かせて，授業を終えた。

・自分の言葉に責任をもつようにしたいと思いました。
・苦しんでいる誰かを救える言葉を送るような人になりたい。

SNSでの誹謗中傷について取り上げた新聞記事の一例
「過去1年以内に炎上に参加している人は約0.5%」

・実際に誹謗中傷の投稿する人は約0.5% 「同じ人が何度も書き込み」
　libedoor NEWS 2020年7月19日付　弁護士ドットコム
　https://news.livedoor.com/article/detail/18597153/

・炎上に参加するネット民はわずか0.5%，その属性は?
　DIAMOND online　「ネット炎上の研究」2016年11月7日付
　https://diamond.jp/articles/-/106881?page=2

シンキングツールの例 （『考えるってこういうことか！「思考ツール」の授業』田村学・黒上晴夫：著　小学館より）

1　ベン図
比較する

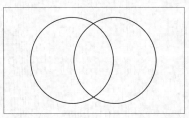

2つの対象について，共通点（重なっている部分）と相違点（重なっていない2つの部分）をカードに書き置く。2つのことの考察を比較することで深く理解できる。

2　Xチャート　Yチャート
分類する　多面的・多角的に考える

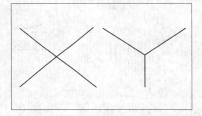

複数の対象を3つや4つに分けることができる。1つの対象に3つや4つの視点を与えてその要素をカードに書き置く。

3　ピラミッドチャート
構造化する（具体化・焦点化・抽象化）

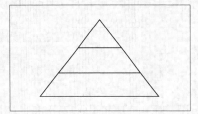

【上から下】上段に主張を書く。中断に理由を書く。下段に理由の根拠を書く。【下から上】下段に知っていることを発散的に書く。中段にその情報をまとめる。上段に中段から言える主張を書く。

4　バタフライチャート
多面的・多角的に考える

発問に対して「賛成・反対」とその理由を表すことができる。両方の羽が2区分されているととらえ，左から「強い反対・反対・賛成・強い賛成」に分類し，その理由をカードに書き置く。

（熊本県　渡邉知弘）

| 1年 |
| 2年 |
| 3年 |

ちょっと待って，その判断

18. 許せない気持ち

感 動	★☆☆
驚 き	★☆☆
新たな知恵	★★★
振り返り	★★★

web
2-18
授業用
パワーポイント

　コロナ禍のなか，多くの人がイライラしている様子を感じませんか。「なんてことをするんだろう。許せない」と思うばかりに，行き過ぎたことをしてしまう人が多く出ています。冷静な判断の大切さを伝えたい，そう思って創った授業です。

キ ラ キ ラ

作・絵　やなせたかし

「『あおり運転同乗』デマ拡散」

教材　朝日新聞　2019年8月24日付

『キラキラ』

やなせたかし：作・絵　フレーベル館

■ 教材の概要 ■

　2019年，あおり運転の加害者の車の同乗者がだれか，ネット上でデマが流れた。流した一人の大学生は大きく後悔する。

　キラキラという化け物が住むという山，ふもとの村の勇敢な兄弟の弟は，キラキラを退治しに山へと向かう。帰ってこない弟を追い山に入った兄，山頂で兄が見たのは……。

　2つの教材の共通点，相違点を考えることで，公正，公平な判断力を高めていきたい。

■ 授業構成 ■

0	3	6	11	14	18	23	30	33	41	47	50(分)
●説明● あおり運転・事件の概要	●発問● 男を許せる？	● 説明 ● 事件の補足	●発問● 女性を許せる？	● 説明 ● 大学生の投稿の説明	● 発問 ● 大学生を許せる？	● 発問 ● なぜ間違ったのか	教材	● 発問 ● 共通点，相違点	● 発問 ● 余裕はあったのか？		振り返り

　協働的な学び　4人班で分析的に話し合って発表をする。

■ 本時の授業を中心に見取った評価文の例 ■

　『許せない気持ち』の授業では，正しいと思ってやったことでも取り返しがつかないことがあることを知り，自分は特に気をつけたいと自分をしっかり見つめて振り返っていました。

協働的な学びの度合い ●●●●●　授業準備度 ●●●●●

ねらい

　正義を重んじるあまり冷静さを失うと取り返しがつかないことをしてしまう恐れがあることに気づき，誰に対しても公平に対応する道徳的判断力を高める。
　　　　　　　　C11［公正，公平，社会正義］

準備

・教材（86ページに掲載）生徒数分
・『キラキラ』

授業の実際（3年で実施）

　「あおり運転が大きな社会問題になりました。あおり運転とは，道路上で他の車両に対して危険な運転かつ必要性のない行為を行うことで，例えば，車間距離を詰めたり，クラクションで威嚇したり，いきなり急ブレーキをかけたり，不必要に幅寄せしたりすることです」と説明した。

　そして，「2019年8月10日，茨城県の高速道路で，前方を走っていた自動車に対し，男があおり運転と暴行をした事件が起きました」と説明し，最初の問いをした。

１あなたはこのようなあおり運転をする男性を許せますか。
　①全く，許せない
　②あまり，許せない
　③まあ，許せる
　④許せる
　■迷惑行為へ怒りの感情を共有させる発問である。

　ほとんどが，①，②を選んだ。一人だけ③を選んだ生徒がいたのでどうしてか聞くと，「もしかしたら，この男も後ろからあおられていてあせっていたのかもしれない」と答えたので，そのようなことはなかったことを伝えると，「何か理由があるのかもしれない」と，判断に慎重な様子を見せた。「なるほどね」と受け止めた。

　「その後男は逮捕され，裁判所は，強要と傷害の罪で男に懲役2年6月，保護観察付き執行猶予4年を言い渡しました」と説明した。
　「そのときの加害者の車に同乗していた女性がいました。その女性は，男が被害者を殴る様子を携帯電話で撮影したのでした」と説明して次の問いをした。

２あなたはこの女性を許せますか。
　①全く，許せない
　②あまり，許せない
　③まあ，許せる
　④許せる
　■大学生の感情を理解するための発問である。

　こちらの方が生徒は強く反応し，ほとんどが①にあげた。先に慎重だった生徒は②にして，「この男との関係上，そうしないと後で暴力を受けるかもしれない」と深読みをしていた。周りの生徒も感心していた。

　「この事件が報道されると，この女性をさがし出す人がたくさん出ました。そして，別人が犯人扱いされるデマ情報がネット上で流されます。間違えられた人はすぐに否定しますが，インスタグラムには大量の誹謗中傷が寄せられ，勤める会社にも同日だけでたくさんの電話がきました。その人はデマ情報を投稿した人たちの法的責任を追及する方針を明らかにします。弁護士は，最初にデマ情報を公表した人だけでなく，不適切な言葉で拡散した人などに，今後特定できれば損害賠償を求める訴訟に踏み切る方針を表明しました。名誉毀損罪での刑事告訴も検討するそうです」と，その内容を説明した。

　「デマ情報を流した一人にある男子大学生がいました」と言って次の問いをした。

３あなたはこの大学生を許せますか。
　①全く，許せない
　②あまり，許せない
　③まあ，許せる
　④許せる
　■デマの投稿が許されないことに気づかせる発問である。

生徒はわりと均等に分散した。「デマを拡散された人は大変な思いをして，訴えようとしているのに，まあ許せるとなぜ思ったのかな」と，③，④を選んだ生徒を指名した。すると次のような理由を4人の生徒が発表した。

・あおり運転をするような悪い人を見つけようとしたのならば，気持ちはわかる。
・あおり運転をされた人はうれしかったと思うから。
・犯人を捜すにあたって，特技を生かそうとした。
・大学生だから，まだ判断がつかない。

「最初の3つは，大学生がなぜ間違ったことをしてしまったのかの理由になっていますね。ここをもっと考えたいですね」と言って次の問いをした。

④ 🈑 書き込んだ大学生はなぜ間違った行動をしてしまったのでしょうか。
■デマを投稿してしまう心理を考えさせる発問である。

「前の問いから，次のことが言えますね」と言って3つ書いた。

・悪い人を見つけようとしたから。
・被害者のためと思ったから。
・得意なことが生かせると思ったから。

「これ以外にはないかな」と言って，4人班で考えさせた。2つの班から発表があった。

・間違いなくこの人が犯人だと思い込んでしまったから。
・行き過ぎた正義感。

ここで86ページの教材を配付した。書き込んだ男子大学生にその動機や経緯，今の心情を聞き取った記事である。範読し終えたあと，「『絶対に許されない事件』『メディアよりも早く特定するという高揚感』『その女性が同乗者だと完全に信じていた』『否定していることがかえってむかついた』」など，間違った行動をとった理由が書かれていますね」と確認した。

ここで「皆が考えたことが表されている絵本があります。作者はアンパンマンで有名なやなせたかしさんです」と言って，教材『キラキラ』を範読した。弟が怪物におそわれてい

ると勘違いしたキルは得意の弓で怪物を倒した。しかし，実はその怪物は，けがをした弟を助けているところだったという，後半の意外な展開に生徒は驚いていた。読み終えて，次の問いをした。

⑤ 🈵🈦 大学生の行為とキルの行為の共通点と異なる点はなんですか。
■失敗の本質を考えさせる発問である。

4人班でそれぞれ2分ずつ話し合わせた。共通点の方がたくさんあげられたが，異なる点はなかなかあげられなかった。その様子を見て，「とても似ていると思ったんだね」と声をかけた。

【共通点】

・正義感が強い。　　　　・勇気がある。
・思い込みをしている。　・謝っている。

【異なる点】

・キルは命まで奪ってしまった。取り返しがつかない。
・キルの方は，状況からすぐ行動しなければ間に合わない。

「間に合わない，と言うところを深く考えてみましょう」と言って次の問いにつなげた。

⑥ 🈵 「状況からすぐ行動しなければ間に合わなかったキルと比べて，書き込んだ大学生には時間の余裕があるところが異なる」と思いますか。
■失敗の本質をより深く考えさせる発問である。

ペアで話し合わせた後，挙手させると全員が「そう思う」に手を挙げた。「似ているところはないかな」と発表を求めると一人が「大学生はメディアより早く特定しようとしていたから，急いでいたことには間違いない」と答えた。「先の教材の新聞記事から考えたね」と伝えた。

最後にワークシートに「今日の授業から学ぶこと」を短時間であったが書かせて授業を終えた。

教材 「あおり運転同乗」デマ拡散
中傷被害の女性，提訴方針「気軽なリツイート 怖さ考えて」
朝日新聞 2019年8月24日付

「あおり運転同乗」デマ拡散

中傷被害の女性、提訴方針

「気軽なリツイート 怖さ考えて」

茨城県守谷市の常磐自動車道で男性会社員があおり運転を受けた後に殴られた事件をめぐり、「傷害容疑で指名手配された男の車に同乗していた『ガラケー女』」というデマがネット上で流された女性が23日、弁護士とともに会見し、投稿者らの法的責任を追及する方針を明らかにした。都内在住の女性は「気軽なリツイートが情報を拡散させる怖さを考えてほしい」と訴えた。

加害者の車に同乗していたとのデマ情報を流された女性＝23日、東京・霞が関

今月10日に発生した事件では、運転席の男性会社員が、女性の実名やインスタグラムアカウントを特定され、280件の電話があった。

容疑者（43）が傷害容疑で逮捕された。事件の映像には、暴行の様子などを携帯電話で撮影する交際相手の容疑者（51）＝犯人蔵匿・隠避容疑で逮捕＝も映っており、テレビなどで流れて話題になった。女性の代理人弁護士によると、17日未明から手配されたが、容疑者の名前はこの段階では非公表だった。

女性の会社には同日だけで2280件の電話があり、「ガラケー女」「自首して」というツイッターの投稿などが始まった。18日になり、2人の逮捕が発表された。

容疑者は16日に指名

女性はすぐにフェイスブックで「事実と異なります」と否定したがインスタには大量の誹謗中傷が寄せられ、リツイートした。

弁護士は、容疑者が女性のインスタをフォローしていたことなどから、デマは「普段着に寝て」と指摘。「薄弱な根拠」になったが、「精神的に平常に戻れていない」と語った。

「絶対クロ」投稿し高揚感

「顔の輪郭が同じ」。○○は「絶対にクロ。バカップルの女性にこう投稿した。ツイッターにこう投稿した。東京都内の男子大学生（19）は17日昼、会社経営の女性の実名を記し、ツイッターにこう投稿した。

大学生は朝日新聞の電話取材に「自分は運転をするので、あおり運転は身近な問題。絶対に許されない事件の犯人をメディアよりも早く特定する高揚感があった」と語った。根拠にしたのは「女性の歯並びやネックレスが似ている」などと主張する、別の投稿。「経営の女性がフェイスブックでデマだと否定していることも知っていたが、デマだと完全に信じていたから、否定していることがかえってウソだと思ってしまっていたのに、逮捕されて事実無根だと分かった。「申し訳無

人らが「最も被害拡大に寄与した」との見方を示した。今後は、発信者の情報開示を求めるツイッター社などに求め、損害賠償請求などに踏み切る方針で、名誉毀損罪での刑事告訴も検討する。

2容疑者宅捜索

茨城県警は23日、容疑者と、容疑者が住む大阪府東住吉区のマンションの別の自宅を家宅捜索した。2人は事件翌日の11日に返却するが、東京都内で新たに米国製のレンタカーを借りて静岡県から、知人に代車の返却を依頼していたという。

に使われた車は横浜市のディーラーから代車として貸し出されたもので、事件翌

ない気持ちでいっぱいになう。「投稿した人たちは事件の怒りをぶつけただ階に広がり、デマがネット上で拡散をめぐり、安易にリツイートした責任される例は過去にも起きている。2015年にも、川崎市で起きた中学生殺害事件で、無関係の少年の顔写真が広まり、17年に起きた東名高速でのあおり運転事件では、無関係の男性が「容疑者だ」とされた。「一度デマが流されると、影響を打ち消すのは大変」と語るキクチさんには、今も殺害予告などが届くとい

お笑い芸人のスマイリーキクチさん（47）は1999年、「過去の殺人事件の犯人だ」とのデマを流された。

デマはなぜ拡散するのか。愛知学院大の岡本真一郎教授（社会心理学）は「当初は、犯人が誰かをいち早く世に広めたいという一種の正義感から投稿が相次ぐ。その後は、事実が確認されているわけではないのに、同内容の投稿が大量にあると間違いないと思い込んでしまう」と分析。「投稿者は特定され、社会的責任が問われる可能性があることを認識するべきだ」と話す。

（吉川夏樹 林幹益）

うその情報が拡散した経緯
代理人弁護士の資料から

8月16日	茨城県警が容疑者を指名手配
17日午前3時55分	会社経営の女性が、容疑者の車に同乗していた女だというデマがツイッターに投稿される
午前4時59分	ネット掲示板「5ちゃんねる」にもデマが投稿される
午前7時44分	女性がフェイスブックでデマだと否定。女性の会社への電話も相次ぐ
午前10時11分	女性が弁護士に相談
18日午前0時26分	弁護士が声明文を公開
午後10時ごろ	同乗していた女の逮捕が報道される

女性が経営する会社への電話着信件数（件）
0 10 20 30 40 50

17日
3時／6時／9時／12時／15時／18時／21時

18日
0時／3時／6時／9時／12時／15時／18時／21時

（熊本県 桃﨑剛寿）

1年

2年

3年

信念をもって働く

19.万年筆の病院

感　動	★★☆
驚　き	★★☆
新たな知恵	★★☆
振り返り	★★☆

web
2-19
授業用
パワーポイント

　新型コロナ感染拡大のなか，さまざまな職業において過度な要求がお客さんからあったり，ネット上では衛生用品が異常な高値で売られたりすることがありました。そのなかでマツヤ万年筆病院の店主，原卓弥さんの仕事に対する信念に心から感銘を受けました。生徒の心を動かす授業ができると思って創った授業です。

教材

「万年筆病院　書き手診断」
読売新聞　2020年8月11日付［長崎版］
（詳細紙面は90ページに後掲）

■ 教材の概要 ■

　長崎市浜町にあるマツヤ万年筆病院の店主である原卓弥さん（75歳）は，すべての客に万年筆を売る訳ではない。客と会話をしながら要望を聞き，書いた文字や手の様子なども観察してその人に最適な万年筆を選んで売っている。しかも，販売する万年筆はすべて検品し，販売後のアフターケアも技術料なしで引き受けるなど，商品に責任をもって販売している。新型コロナ感染症拡大によって，消毒液やマスクを高値で販売する店もあった。この時期だからこそ，利益だけではなく，お客さんのことを真剣に考えて仕事をする原さんの信念が伝わる新聞記事である。

■ 授業構成 ■

0	5	15	25	35	45	50(分)
● 発問 ● マツヤ万年筆病院のすごいところは？	● 発問 ● 客に最適な万年筆しか売らない理由を考える	● 発問（クイズ）● どんな万年筆をすすめたかクイズ形式で問い，全員参加させる	● 発問 ● 原さんの仕事に対する信念を知る	● 教材 ● 新聞記事を読む	● 発問 ● 仕事をする上で大切なことは何か	

協働的な学び　感染拡大予防のため学級全員で交流をさせないで，隣の仲間とプリントを交換させ学びを深める。（小さな交流）

■ 本時の授業を中心に見取った評価文の例 ■

　働く上で大切なものを考える授業では，自分の利益だけではなく，相手の幸福も大切にするという考えに深化させることができました。

協働的な学びの度合い ●● ● ● ● ●　　授業準備度 ●● ● ● ● ●

ねらい

万年筆を販売，修理している原卓弥さんの接客姿勢や仕事に対する信念を知ることで，働く上で利益だけでなく，客（相手）を幸福にすることも大切であることを感じとらせる。

C13［勤労］

準備

・新聞記事を元にしたパソコン用スライド。
・教材（90ページに掲載。授業では新聞記事の内容を一部抜粋して使用）生徒数分
・ワークシート　生徒数分

授業の実際（2年で実施）

万年筆を知らない生徒が多いだろうと予想し，最初に万年筆の画像を見せて，知っているかどうかを確認した。そして，使ったことがあるかどうかをたずねた。ほとんどの生徒は知っていたが，使ったことがある生徒は6名程度だった。その使ったことがある生徒に，使い心地をたずねたところ，使いやすいと使いにくいがほぼ半数だった。

新聞記事内の写真にある店名の看板「マツヤ万年筆病院」の「病院」部分を＿＿＿で隠して提示し，たずねた。

❶＿＿＿には，何という言葉が入ると思いますか。
■意欲を高める発問である。指名なしで思いついた 生徒にどんどん発表させた。

「店」「商店」「（株）」などの意見が出たが，一人の男子生徒が「です」と答えた。ちょっとの間，静かになったがすぐに笑いが起こった。「それは予想しなかった答えだね。すごい発想だ」とフォローをした。

正解が「病院」であると言うと，数名の生徒が「えっ，どういう意味?」と声を出した。

❷なぜ店の名前を「病院」としたのでしょうか。

「万年筆を修理するから」「もともと病院だったから」「この店の人が病院に勤めていたから」といった意見が出た。

万年筆の部品に「首」「胴」「尻」など人体に例えられる部分があり，それを診察して修理するからと説明した。

❸（記事の写真全体を提示して）この店のすごいところは何だと思いますか。
■生徒の認識を揺さぶる発問である

全員参加をさせるために，列指名で発表させると，「どんな万年筆でも直せる」「万年筆の種類と数が多い」「有名人が来店している」「日本にこの店しかない」などの意見が出た。その後，箇条書きにして説明を加えた。

---

①1947年に開業し，70年以上の歴史がある。
②今までに売った万年筆は数十万本。
③作家の吉村昭さんや作詞家のなかにし礼さんも来店した。

---

❹原さんは，どんなお客さんが来ても遠慮はせずに，そのお客さんに最適と確信した万年筆しか売りません。つまり，最適なものがなかったら，売らないこともあるそうです。どうして，こんなことをするのでしょうか。
■万年筆を使う人のことを考えている原さんの仕事に対する信念を感じ取らせる発問である。

「合わなかったらクレームが来るから」「その人に万年筆を大切に使ってほしいから」「買った人が買ってよかったと思うように」「お客さんに幸せをあげるため」「一人一人が個性ある字を書けるように」「万年筆の気持ちを考えたから」などの意見が出た。

❺あるとき，劇作家のつかこうへいさんが万年筆を買いに来ました。原さんは，どんな万年筆をすすめたでしょうか。次の中から選んでみましょう。

A　店にあるいちばん高い万年筆
B　店にあるいちばん古い万年筆
C　店にあるいちばん新しい万年筆
D　その他

■クイズ形式で出題することで，再び授業に全員を参加させる発問である。また，思考の幅を広げるために，「D　その他」を入れた。

挙手で確認するとほとんどがBに挙手したが，５名がDに挙手をした。では，どんな万年筆をすすめたかをたずねると，「売らなかった」「外国から取り寄せた」という意見を発表した。

「正解はDです。原さんは，『あなたは万年筆は使わないほうがいい』と言いました」と説明すると多くの生徒が「なぜ」という声をあげた。

　原さんは，つかさんの手首が細いことに気づきました。それで，先端が金属性ではないペンのほうが疲れにくいと考えました。そんな理由で，万年筆を売らなかったそうです。
　原さんのこんな対応に対して，つかさんは店を出たかと思ったら，近くの喫茶店で買ったケーキを「勉強させてもらった授業料」として原さん夫婦にプレゼントしました。「私に合うものがあったら」と住所を書いたメモを残していったそうです。

そして，原さんの仕事について次の説明を加えた。

・仕入れた製品は全て検品。
・販売後も，原則として技術料なしで手入れを引き受けている。

ここで教材を配付して，教師が机間を巡回しながら範読した。

6　㊙原さんは仕事をする上で何を大切にしていると思いますか。

■店の利益も大切だが，客の幸福を考えることも大切であると感じ取らせる発問である。

本来ならば，席を離れて多くの仲間と意見を交流させたい場面だったが，新型コロナ感染症拡大防止のため隣の人とプリントを交換して交流させた。そして，「相手の意見で『いいな』とか『なるほど』と思った人は，お隣さんの考えを黒板に書いてください」と指示を出した。すると５名の生徒が板書した。自分の考えに自信がなく，発表が苦手な生徒がいる場合，このような方法を取り入れている。こうすることで，自分の考えが仲間に認められる喜びを感じさせることができる。これを「小さな交流」と呼び，毎時間，取り入れている。

・お客さん一人一人に合う万年筆を売ること。
・お客さんが万年筆を気持ちよく使い続けることができるようにすること。
・お客さんに笑顔になってほしいという気持ち。
・買ってくれる人の幸せ。
・その人にあった万年筆を使ってもらい，少しでも明るい気持ちになってもらうこと。
・お客さんが喜んでくれること。
・万年筆の気持ち。
・客の事情や未来のことも考え，自分の利益を考えないようにすること。
・客一人一人にきちんと向き合うこと。
などの意見が出た。

授業の感想と評価を書かせて，授業を終えた。授業後，ある生徒が近寄ってきて自分の万年筆を見せてくれた。また，別の生徒が，「今度長崎に行ったときに，マツヤ万年筆病院へ行きます」と言ってきた。

●生徒の感想
・原さんは，この仕事に生きがいを感じていると思った。
・お店の利益だけじゃなく，お客を大事に思っていることが心に残った。

在庫は1万本弱、お薦めは？

万年筆病院 書き手診断

Wonder

スマートフォンやパソコンが普及した今も、万年筆を愛する人は多い。そんな人たちをうならせる名店が、長崎市の繁華街・浜町にある。その名も「マツヤ万年筆病院」。ある人は新しい一本に出会うため、ある人は愛用の一本を託すため、今日も店を訪れる。

といった雰囲気を醸し出している。

約70年の歴史を持つこの店のすごさは、品ぞろえだけではない。客の筆致など相手が誰であっても遠慮せず、最適と確信したものしか売らない。これが店主としての心構えだ。だから、小説家の吉

村昭さんや作詞家といった著名人もしし礼装しに足を運んだのだろう。

ある日の夕方、劇作家ののつかこうへいさんが店に姿を現した。もちろん万年筆を求めての来店だった。対応した原さんと妻の千香子さん（67）は、つかさんの手首が細いことに気づき「万年筆は使わない方がいい」と応じたのだ。先端が金属製ではないペンの方が疲れにくいから、との配慮だった。

思惑が外れた格好のつかさん。店を出たかと思ったが、近くの喫茶店で買ったケーキを「勉強させてもらった授業料」としてプレゼントした。「私に合うものを書いたメモを残してきたという。原さんは「お客さんにとって使いやすいことが大事。適当に売るのが一番いけない」と力を込める。

（右）「お客さんにとって最適な一本を選びたい」。店主としての心構えを語る原さん（左）店内には様々な種類の万年筆が並ぶ

店頭にあるのはその半分ほど。これまで販売した数は？ 「数十万本でしょうかね」。ワイシャツに黒いベストといういでたちが、いかにも"マイスター"

「在庫は1万本弱で、店頭にあるのはその半分ほど。」と、壁に取り付けられた棚にも万年筆がずらりと並んでいた。文豪を連想させるような漆黒だったり、金色の装飾が施されていたり…。選ぶだけでも、苦労しそうだ。

ショーケースだけでなく、膨大な中から客に合った一本を薦めてくれるのだ。客の筆致などしか売らない。これが店主としての心構えが象徴的なエピソードがある。

◇

マツヤ万年筆病院は、千香子さんの父・康二さんが1947年頃に開業した。康二さんの故郷が松江市だったことから「マツヤ」、

✳ 「Wonder」は「驚き」「不思議」などを意味する英語です。
原則、土曜夕刊（福岡など一部地域で発行）に掲載しています

こんな話も

現在のような形の万年筆が誕生したのは、19世紀の終わり頃とされる。万年筆が位で実用できるかは不明だが、原さんは「30〜50年と愛用する人も多い」と話す。

19世紀の末に誕生

万年筆の部品が胴や首など人体に例えられることから「病院」とつけたらしい。ちなみに、千香子さんの曽祖父は国内の万年筆メーカーの草分けとされ、勤めていたというから、まさに万年筆一家だ。

職人かたぎの康二さんは、特に修理技術に優れていた。海外の製品や半世紀以上前の古いものでも、大きな破損でなければほぼ全てよみがえらせ、店の名を広く知らしめた。約40年前に千香子さんと結婚して店を継いだ原さんは、そんな義父の背中越しに、一から技術を学んだ。「書くことは生きることにつながっている」と話す原さん。そんな思いを胸に、これからも客と向き合っていく。

通りできるようになるまで20年はかかりました」。客との信頼関係を重んじ、仕入れた製品は全て検品。販売後も原則として技術料なしで手入れを引き受けたりいたり、転機を迎えたりする、仕事や生活を充実して万年筆を求める人の多くれないのが現状だ。他店で購入した製品は持ち込まれることもある

インク選びも楽しみの一つ。愛好家の間では、インク集めに没頭することを「インク沼にはまる」と表現するらしい。金の微粒子入りや香り付きなど様々な製品があるほか、インクが入ったボトルの形も特徴的で、こうした点もファンの心をくすぐっている。

ドイツの逸品 いつかは

おどろ記

記者も原さんに万年筆を選んでもらった。試し書きで緊張していると「遠慮している」と見透かされ、筆圧が強めの人に合うものを薦められた。価格は約1万円。確かに手になじみ、書き心地も申し分ない。人生で最初の一本が決まった。予算に関係なく自分に合うものを、と頼んだら、差し出されたのはドイツのブランド「ペリカン」の一本で、値段は十数万円。いつかは――と誓った。

（脇田隆嗣）

（長崎県　山中　太）

1年　2年　3年

当たり前が幸せと知った

20.群青

感　動	★★★
驚　き	★★☆
新たな知恵	★☆☆
振り返り	★★☆

web
2-20
授業用
パワーポイント

　コロナ感染症予防のため，約3ヶ月の休校となり，今まで「あたりまえ」と感じていたことが「あたりまえではなかった」と感じることがたくさんありました。毎日学校に来て，友達と一緒に勉強や部活動をすること。休み時間の何気ない会話。あたりまえの日々がどれだけ幸せなことだったのか，自らが経験したことで，『群青』という合唱曲の歌詞に思いをはせることができるのではないか。そんな思いでこの授業を創りました。

 『明日も会えるのかな？ 群青 3.11が結んだ絆の歌』
坂元勇仁：著　パナムジカ出版

■ **教材の概要** ■

　「群青」は，福島県南相馬市立小高中学校平成24年度の卒業生と，音楽教諭の小田美樹氏によって作られた曲である。東日本大震災と原発事故によって引き離された友人との再会を願い，生まれた合唱曲。「あたりまえが幸せと知った」という歌詞は，今の自分たちが，いかに幸せな日常を生きているのかを感じることができるフレーズであると考える。

■ **授業構成** ■

0	5	13	15	20	25	30	35	40	45	50(分)
●発問● あたりまえ？	●説明● 震災から1年の歩み	明日という	●発問● どんな思いで歌った？	●発問● 何が違った？	●説明● 次の曲へ	エレミヤの哀歌	●説明● 群青ができるまで	●発問● どんな思いで歌った？	動画「群青」の視聴	

協働的な学び	4人班で考えたことの交流を行う。

■ **本時の授業を中心に見取った評価文の例** ■

　遠く離れてしまっても，心はつながっている仲間の存在が心の支えとなる集団の素晴らしさに気づき，仲間と心を一つにすることの充実感に関する体験をワークシートにまとめていました。

協働的な学びの度合い ●●●●●　　授業準備度 ●●●●●

ねらい

いつも近くにいる集団の仲間の大切さに気づき，この先，どんな困難があっても，共に支え合い乗り越えていこうとする心情を高める。
C15［よりよい学校生活，集団生活の充実］

準備

・教材1・教材3（94ページに掲載）提示用
・教材2（94ページに掲載）生徒数分
・「明日という日が」「エレミヤの哀歌」「群青」の歌詞と音源

授業の実際（2年で実施）

「約3ヶ月の休校があり，6月から"新しい生活様式"のなかで学校が再開しました」と言って最初の問いをした。

1 今まで，"あたりまえ"と思っていたことが，"あたりまえではなかった"と感じていることはありますか。
■休校中，あたりまえのことではなかった自分の経験を想起させるための発問である。
・学校に行くこと。
・友達といっぱい話し合うこと。
・おじいちゃんやおばあちゃんと会うこと。
・部活動をすること。
少しの時間だったが，席が近い者同士で話し合わせた。
「今から9年前も，"あたりまえが幸せと知った"そう語った中学生がいます。東日本大震災が平成23年3月11日に起きました。福島県南相馬市立小高中学校のお話をします。平成23年3月に東日本大震災で被災をしました。生徒の多くは，原発事故による避難を強いられました。4月に隣町の鹿島中学校に間借りをして，新学期をスタートさせました。当時，音楽を担当していた小田先生の話を3つします」と言って，次の部分を話した。

私がこの年に担当する学年には97人の生徒がいるはずでした。しかし鹿島中学校で新しい学期をスタートした時，私たちの学年の生徒数はわずか7名でした。

実は私たちが間借りをしていた鹿島中学校には小高中学校以外に3つの中学校の生徒たちが一緒に生活をしていました。（中略）それぞれ異なる生活習慣を持つ五つの学校の生徒が一緒に生活をするわけですから，それはそれは想像を絶する大変さでした。

2011年のうちに徐々に生徒が戻ってはきましたが，それはみんな故郷の小高中に戻りたいと思って帰ってきたわけではありません。その多くは避難先でいじめにあったり，現地の生徒との人間関係がうまくいかず，泣く泣く戻ってきた子どもたちが大半を占めました。

（前略）やっと小高中学校だけの生活を取り戻すことはできたのですが，荒んでしまった子どもたちの心はもとに戻ることはありませんでした。音楽の授業では相変わらず子どもたちはうたうこともできず，歌詞もただ口から言葉の羅列として発せられるだけで，歌と呼ぶには程遠いものでした。

卒業式に『あすという日が』をうたおうと決めたのは私でした。（中略）もちろん，震災直後，仙台市の中学校のこの曲をうたった映像がNHKのニュースで流れたことで，この曲が全国に広がったことは知っていました。その意味からも卒業式でうたうのにちょうどいいと考えたのです。

『明日も会えるのかな？ 群青 3.11が結んだ絆の歌』
p.28〜45の内容を授業者がまとめた。

教材1を提示して読み上げ，曲を聴かせた。

2 小高中学校の生徒は，どんな思いでこの歌を歌ったのでしょう。
■前向きな気持ちで歌ったという予想か

ら，その大切さを共有する発問である。

4人グループで話し合わせた。

・少しでも前に一緒に進みたいという思い。

・今生きているだけで幸せだという思い。

・津波で亡くなった人の分まで一生懸命生きていこうという思い。

「小田先生は，『あすという日があるかぎり　しあわせを信じて』『あすという日がくるかぎり　しあわせを信じて』というフレーズを何度も聴かれて，この曲であれば，卒業式にぴったりだと考えたそうです」と説明した。「しかし，小田先生は『でも，違ったのです』と言っています」と説明し，次の問いをした。

❸ 何が違ったのでしょうか。

■小高中学校の生徒が心に深い傷を負い，1年経ってもまったく前に進むことができなかったというつらい思いに寄り添うための発問である。

ペアで話し合わせた。

・素晴らしいと思っていない。

・まだ心が傷ついている。

・まだ先行きが不透明で不安のまま。

「小田先生は次のように説明しています」と言って大きく提示した。

> この曲は希望と未来をうたっているのです。しかし，私の目の前にいる子どもたちは，いつ復興できるかすらわからないこの地に生きているのです。希望も未来もありませんでした。あるのは絶望ばかり。そんな子どもたちに私は希望の歌をうたわせてしまったのです。
>
> 前掲書p.50〜52の内容を授業者がまとめた。

生徒に感想を問うと，「とても後悔している」「生徒はそういうふうには思っていないと思うから責めないでいい」と発表があった。

「新学期が始まり，小田先生は『夏に合唱コンクールに出る』という大きな目標を立てました。自分が担任を務めるクラスの生徒を中心にして，特設の合唱団をつくり参加することにしました。選曲にはとても迷いましたが，『エレミヤの哀歌』を選びました。ひと

夏をかけて練習に励み，9月，福島県合唱コンクールに臨み，結果は銅賞をいただいたそうです」と，前掲書50〜52ページの説明をし，『エレミヤの哀歌』の曲を聴かせた。

> 『エレミヤの哀歌』
> おお，すべての道行くものよ，
> 　　立ち止まって見てみなさい
> 私の苦しみに似た苦しみが
> 　　　　あるかどうかを
> 神よ，憐み給え，
> 　　そして心に憶えたまえ
> （本山秀毅氏のFacebookより）

「小田先生は，これまで誰も経験したことがないこの苦難のなかにいる子どもたちに，自分たちの姿と『哀歌』の背景となった風景とを重ね合わせ，その思いを歌い上げてほしい，そう思ったそうです」と説明した。

「そして2学期を迎え，小田先生は卒業式で歌う『卒業ソング』を作ることを思いつきました。小高中学校を象徴する言葉である『群青』をタイトルにすることは，最初から決めていたそうです。詩を考えたとき，震災直後，教室の白地図に，生徒たちの顔写真を貼りつけていった，あのときのことを思い出したそうです」と説明し，教材2を配付した。

続けて，教材3を提示して読み上げた。

❹ 小高中学校の生徒は，どんな思いでこの歌『群青』を歌ったのだろう。

■最後には生徒が主体になって，小田先生の子どもたちへの思いに思いを寄せるための発問である。

4人グループで話し合わせた。

・遠く離れてしまった友達に，絶対つながっているから，とエールを送り，いつまでも一緒だという思いで歌った。

・これまでの2年間，心の中にあった不安や本心をこの曲にこめて歌った。

・この先どんなことが起きても，つらいときはこの歌を思い出そうという思いがあった。

最後に「群青」の合唱を視聴し，授業を終えた。

https://www.youtube.com/watch?v=hwWIBwaXkUs

教材 **教材1** 『あすという日が』 山本瓔子：作詞　八木澤教司：作曲（一部抜粋）

大空を見上げてごらん　　　あの枝を見上げてごらん
青空に手をのばす細い枝　　大きな木の実を支えてる
いま　生きていること　いっしょうけんめい生きること
なんて　なんて　すばらしい
あすという日があるかぎり　しあわせを信じて
あすという日があるかぎり　しあわせを信じて

教材2 坂元勇仁：著『明日も会えるのかな？ 群青 3.11が結んだ絆の歌』パナムジカ出版　p.31〜32

　私は五月から音楽とともに美術の授業を受け持つことになりました。（中略）イ
ンターネットから白地図をダウンロードして，それを拡大して，大きな日本地図を
作ることでした。そして私たちはその白地図の上に，今，学校にいない子どもたち
の写真を一人ひとり貼っていきました。写真は震災以前に撮影してあったものが
ありましたので，それを使うことにしました。写真は東北地方だけでなく，関東や
関西，そして九州や北海道の上にも次々と貼られていきました。ちょうどその時で
す。生徒たちがこんなことをつぶやき始めました
　「遠いね」「どうやったらそこへ行けるのかな」
　「でも私たちはつながっているじゃん」「だって空はつながっているから」
　それは偶然思いついた，苦し紛れの授業でした。でも私の中にはこれらの言葉が
強烈な印象，記憶として残りました。地図の上でも，いや，今は地図しか頼るもの
がないけど，この子たちはこうやって気持ちをつないでいる。そのことが私にも大
きな力を与えてくれたのです。

教材3 『群青』 福島県南相馬市立小高中学校平成24年度卒業生（構成・小田美樹）：作詞　小田美樹：作曲

ああ　あの町で生まれて　君と出会い　たくさんの思い抱いて
一緒に時間を過ごしたね
今　旅立つ日　見える景色は違っても
遠い場所で　君も同じ空　きっと見上げてるはず
「またね」と　手を振るけど　明日も会えるのかな
遠ざかる君の笑顔　今でも忘れない
あの日見た夕陽　あの日見た花火　いつでも君がいたね
あたりまえが　幸せと知った
自転車をこいで　君と行った海　鮮やかな記憶が
目を閉じれば　群青に染まる
あれから2年の日が　僕らの中を過ぎて
3月の風に吹かれ　君を今でも思う
響け　この歌声　響け　遠くまでも　あの空の彼方へも
大切な　すべてに届け
涙のあとにも　見上げた夜空に　希望が光ってるよ
僕らを待つ　群青の町で
きっと　また会おう　あの町で会おう　僕らの約束は
消えはしない　群青の絆
また会おう　群青の町で…

（熊本県　由川文子）

94

1年	
2年	
3年	

「がんばって」は禁句なのか

21. 思いやりの日本語

感 動	★★☆
驚 き	★★☆
新たな知恵	★★★
振り返り	★☆☆

web
2-21
授業用
パワーポイント

　「がんばって」という言葉を使わない方がよい，と言う人に会ったことがあります。知らず知らずに心理的圧迫を与えるからというのがその理由でした。何となく違和感があり，「がんばって」はそんなに悪い言葉だろうかと，問題意識をもってきました。そして言葉の多義性を考えるようになりました。言葉を深く理解することは，人間関係において重要です。

 『優しい日本語 英語にできない「おかげさま」のこころ』
清ルミ：著　太陽出版

■ 教材の概要 ■

　「日本語の良さを再確認してみたい」という著者の動機から，日常的に使われるいくつもの日本語の特徴がまとめられている。その中から，「外国人を不快にさせる言葉」を敢えて選んで教材とした。「不快」は言葉の真意を十分に理解していないことに起因する。本書では英語の用法も豊富に出てきて，日本語との対比も興味深い。実は日本人でも理解不十分なまま使っている人がいる。日本人こそ読むべき本である。

■ 授業構成 ■

● 発問 ● 繰り返されているのは

0	5	7	10	12	20	30	35	40	43	45	50(分)

| ● 発問 ●
3つの言葉の共通点 | 板書 | ● 発問 ●
なぜ不快？ | 教材
① | ● 発問 ●
「がんばって」を使う場面 | ● 発問 ●
「がんばって」を言い換えると？ | 板書 | ● 発問 ●
どれにいちばん近い？ | 教材
② | 「相手」を使って文をつくる。感想を書く。 |

　　協働的な学び　「がんばって」の複数の意味を，協力して明らかにする。

■ 本時の授業を中心に見取った評価文の例 ■

　相手を励ます適切な日本語について班で積極的に話し合い，相手の立場にたった言葉の大切さについて考えていました。

協働的な学びの度合い ●●●●●●　　授業準備度 ●●●●●●

ねらい

　日本語がもつ奥深い言葉の真意を考えることを通して，相手の立場を思いやる言葉を使おうとする態度を育てる。
C17［我が国の伝統と文化の尊重，国を愛する態度］
B6［思いやり，感謝］

準備

・教材1・教材2（98ページに掲載）生徒数分

授業の実際（3年で実施）

❶（「つまらないものですが」と板書し）どういうときに使いますか。

　■思考させ授業に集中させる発問である。

　「贈り物をするとき」が出た。「そうだね，手土産を渡すときとかもね」と補足した。

❷（「お近くにおいでの際は是非お立ち寄りください」と板書し）どういうときに使いますか。

　■思考させ，日本語に関心をもたせる発問である。

　生徒の中には，初めて知る生徒もいたので，「引っ越しをして，新しい住所を知らせる葉書などの最後に付け加える言葉です」と補足した。

❸（「がんばってください」と板書し）この言葉を使いますか？

　■生徒の身近な言葉を提示し引き付ける発問である。

　多くの生徒が「使う」と言った。

　3つの言葉は，あとで加筆するので間を空けて板書しておく。

❹これらの日本語，皆さんがよく使うものとそうでないものがありますが，これら3つにはある共通点があります。それは何でしょうか。

　■別の視点から思考を促す発問である。

挙手指名で聞くと，「友達との間で使う」「別れのときに使う」等が出された。時間をかけずに次を聞いた。

❺これらの日本語は，外国人が言われて不快になる言葉だそうです。なぜ，これらの言葉によって外国人は不快になるのでしょうか。

　■言葉を受ける方の気持ちを考えさせる発問である。

　意見を何人かに言ってもらった。「つまらないものをよこすのか」というのは，生徒もすぐ考えついた。出された意見を先の板書の間に書き入れた。

＜出された3つの意見＞
　「つまらないものをなぜ贈るのか」
　「本当に立ち寄ったら嫌な顔をされた」
　「これ以上やれというのか」

　ここで教材1を配付して教師が読み上げた。

　「外国人だけでなく，日本人でもこのような誤解をしていませんか。今日は，これらの誤解されやすい日本語の意味を考えます」と言って，＜誤解されやすい日本語について考えよう＞と書いた。

　「これら3つの言葉の中で，皆さんが日常生活のなかで最も多く使う言葉はどれですか」とたずねると，生徒は「がんばってください」であると言った。そこで，次の問いをした。

❻「がんばって（ください）」をあなたはどういう場面で使いますか？

　■言葉を使う場面を考えさせる発問である。

　全員に「○○の場面」を書かせて発表させた。「相手を励ますとき」「試合で自校を応援しているとき」「テスト前の勉強のとき」……等が出されたので，場面を板書した。

　「それでは，「がんばって（ください）」の意味を考えます」と言って次の問いをした。

❼ 対 皆さんが考えてくれた場面で，「がんばって（ください）」を使わずに，相手を励ますとき，どんな言葉を使いますか？

■言い換えることで言葉の意味をより深く考えさせる発問である。

　教師は机間巡視し，全員が最低一つ書けたのを確認してから，「学習班で話し合い，3分間でたくさんの言葉を集めてください」と指示した。3分後に話し合いを止め，一つずつ発表させた。教師は出された言葉を板書した。

> 1．成功を祈る。うまくいくといいね。
> 2．じっくりいこうよ。
> 3．無理はしないでね。
> 4．元気だしてね。元気だせよ！
> 5．落ち着いてね。
> 6．気楽に行こうよ！　気楽にね。
> 7．ベストを尽くしてね。
> 8．しっかり。
> 9．楽しんでね。
> 10．応援してるよ。
> 11．負けるな。

⑧ 主 あなたが次の場面A〜Dで「がんばって（ください）」と言うとき，これらの1〜11のどれにいちばん近い気持ちですか？
■「がんばって」の意味の多義性に気づかせる発問である。
次の場面を拡大提示した。

> A これからテストを受ける人に
> B これからスポーツの試合に出る人に
> C これから英語の弁論大会に出る人に
> D これから海外に留学する人に
> E 病気入院して退院し明日登校する人に

　「Aの場面では○番，Bの場面では○番……というように，自分の気持ちに近い番号を書いてください」と指示し，全員に書かせた後，何番を書いたか挙手させた。
　生徒の考えは分かれた。ここは，考えが分かれるという事実を現出することが目的で，我々が使っている「がんばってください」は，「do your best」だけではないことを示すのである。「『がんばって』は，英語の『take it easy』（気楽にやれ）のような優しい表現かもしれませんね」と言って，教材2の概要に触れた。

⑨ 同じように，「つまらないものですが」「お近くにおいでの際は是非お立ち寄りください」も，どういう意味を込めて使うのでしょうか。
■それぞれの言葉の真意を想像させる発問である。
　数人に意見を言ってもらった。時間がなく教材2を配付し，教師が読んだ。
　「3つの言葉の説明の中に繰り返し出てくる言葉があるね」と言うと，すぐに「相手」という言葉が出た。「相手」というキーワードがある文に下線を引かせ，板書にも加筆した。板書は次のように完成した。

> 「つまらないものですが」
> 　……つまらないものをなぜ贈るのか。
> 　→相手の負担を軽くする。
> 「お近くにおいでの際は是非お立ち寄りください」
> 　……本当に立ち寄ったら嫌な顔をされた。
> 　→相手との関係を維持する。
> 「がんばってください」
> 　……自分では頑張っているのに，これ以上やれというのか。
> 　→相手を支える。

⑩ 日本語とは，どういう言葉でしょう。
■本時の学びを振り返る発問である。
　「外国人に誤解されないよう，『相手』を使って一文で考えなさい」と指示し，数人に発表させた。
　・相手の立場を考えた言葉だ。
　・相手を意識して生活している。
　・相手の気持ちを考えている。
　これらを板書し「あなたは誤解を生んだ経験はないか」を書かせて終わりにした。

教材 『優しい日本語 英語にできない「おかげさま」のこころ』 清ルミ：著　太陽出版　より

教材1
●つまらないものですが
　日本人の家に招待され，テーブルに並びきれないほどのごちそうを前に，「何もありませんが，どうぞ」と言われてびっくりした。自宅に招いたら，高価なプレゼントを持ってきてくれたにもかかわらず，「つまらないものですが，どうぞ」と言われて戸惑った――外国人からこういう話をどれほど聞いたかわかりません。（中略）「じゃあ目の前のごちそうは誰のものなのだ」とか，「なぜそんな取るに足らないものをわざわざ持って来たのだ」と言いたくなる彼らの気持ちもわかります。(p.81〜82より一部抜粋)

●お近くにおいでの節はぜひお立ち寄りください
　転居通知をもらうと必ず書いてある挨拶に，「お近くにおいでの節はぜひお立ち寄りください」というものがあります。（中略）「立ち寄って」とはがきに書いてあったから，用事で近くまで行ったついでに寄ってみたら，「何しに来た」という迷惑顔をされて傷ついた。こんな体験をした外国人は少なくないのです。彼らは言います。「来られるのが嫌なら，そういう挨拶をしなければいいのに。日本人って本当に口だけなんだから」と。(p.30〜31より一部抜粋)

●がんばってください
　受験生や競技に臨む人に「がんばってください！」と私たちは気軽に声をかけます。ところが，この言葉，実は外国人にとっては，「言われて不快になる言葉のベスト3」に挙げられる言葉なのです。（中略）日夜アルバイトに励んでいるある外国人留学生が，「がんばって」と日本人に言われたそうです。意味がわからず，辞書で引いたら，「do your best」（最善を尽くせ）とあり，「ぎりぎりのところまでやっているのに，これ以上どうがんばりようがあるのか」と悔しくて泣いたと言っていました。(p.27より一部抜粋)

教材2
●つまらないものですが
　何か日本人には，特別なことをしてもらうと「お返しをしなければ」と律儀に考えてしまう傾向があるので，相手に負担をかけさせないように「わざわざあなたのために特別なことをしたわけではありませんから，どうぞ負担に思わないで受けとってください」と言っている面もあるのではないかと考えます。同じように，「つまらないもの」も，「豪華なものを用意したわけではありませんから，『お返し』など考えずに，気軽に受け取ってください」と，相手の負担を軽くしたいという心理も働いていると思います。自分が相手のために十分もてなしの心を砕いていながら，それを押しつけず，"相手に心の負債感を持たせないような配慮"が働いているのではないでしょうか。(p.83より)

●お近くにおいでの節はぜひお立ち寄りください
　このような誘いかけをし，「いつ」とは期日を決めずに相手との交流の場を漠然と未来に想定することで，日本人は相手との関係を長く維持しようとしているのではないかと考えます。「立ち寄って」「遊びに来て」と言われたからといって，前もって約束をとりつけることなく訪ねていくような"相手との都合を考えない行動はとらない"という信頼関係が前提にあって交わされる挨拶なのではないでしょうか。あらかじめ相手の都合をたずね，お互いの都合を合わせて訪問するのなら，問題なく歓迎してもらえるはずです。（中略）このように，出会った人との「縁」を大切にする精神が，日本人の心の奥底には根づいているのでしょう。(p.31〜32より一部抜粋)

●がんばってください
　おそらく，「がんばって」は，英語の「take it easy」（気楽にやれ），「good luck」（幸運を祈る），「enjoy it」（楽しんで）などに該当する挨拶で，言う側は気楽な気持ちで言っていることも多いはずです。たとえば，「これからバイトなんだ」「あ，そう。がんばってね」（中略）のような場合，相手が話したことについて，「私はあなたの話題に関心を持って聞いています」と積極的に共感を示す相づちとして機能しているのではないかと思います。同じように，テストや試合を目前にした人に対して言う「がんばって」も，「あなたは一人ぼっちで戦うのではないですよ。私もあなたを陰ながら応援していますからね」と，相手を心理的に支えていることを示す表現なのではないでしょうか。辞書の意味でとらえると，一見気詰まりに見えるこの表現，一皮むけば，人に優しい表現なのだろうと思います。(p.28〜29より一部抜粋)

（群馬県　羽鳥　悟）

<table>
<tr><td>1年</td></tr>
<tr><td>2年</td></tr>
<tr><td>3年</td></tr>
</table>

本当に克服できるのか

22. チリンとキル

感　動	★★☆
驚　き	★★☆
新たな知恵	★★☆
振り返り	★★☆

web
2-22
授業用
パワーポイント

　人間には自らの弱さや醜さを克服する強さや気高く生きようとする心があるという。この言葉を現実の難しさを感じぬままに使うと軽いものになってしまう。そう思っていたとき，他の道徳授業（p.71，p.83）で使った，やなせたかしさんの2冊の絵本を組み合わせてできると気づき，授業を創りました。

教材 『チリンのすず』『キラキラ』
やなせたかし：作・絵　フレーベル館

■ 教材の概要 ■

　『チリンのすず』─狼のウォーにお母さんを殺された子ひつじチリン。まさか，チリンは，ウォーの弟子になるのであった。強くなろうとウォーの訓練に耐え，獣のようになったチリンは……。
　『キラキラ』─キラキラという化け物が住むという山，ふもとの村の勇敢な兄弟の弟は，キラキラを退治しに山へと向かう。帰ってこない弟を追い山に入った兄，山頂で兄が見たのは……。
　ともに『アンパンマン』で有名なやなせたかしさんの絵本である。

■ 授業構成 ■

0	7	12	19	26	31	38	43	50(分)
絵本範読	●発問 チリンの許しの意味?	●発問 チリンにどんな話?	役割演技	絵本範読	●発問 キルの許しの意味?	●発問 キルにどんな話?	役割演技	●発問 どちらが難しい?	●発問 克服できないこと?

　協働的な学び　役割演技で，弱さの克服が難しいことを体験的に理解させる。

■ 本時の授業を中心に見取った評価文の例 ■

　追究する態度があり，深く考え続ける様子が見られました。特に2冊の絵本を活用した授業では，取り返しがつかないことでも，やり直しがとても難しいことと乗り越えられるものがあることに気づき，その違いを数日にわたって考える様子が見られました。

協働的な学びの度合い ●●●●●●　　授業準備度 ●●●●●●

ねらい

　2つの悩む生き方を検討することを通して，人間には自らの弱さや醜さを克服する強さや気高く生きようとする心があることを理解するとともに，その難しさも理解する心情を育てる。　　　　D22［よりよく生きる喜び］

準備

・『チリンのすず』，『キラキラ』

授業の実際（3年で実施）

　「この絵本を覚えていますか」と言って絵本『チリンのすず』を見せた。生徒たちは頷いている。2週間前にこちらを教材に授業をしているからだ（71〜74ページ実践『チリンのすず』掲載）。

> 【実践の概要】
> 　復讐の連鎖で起きている世界の紛争について考え，後半で本書を活用し，復讐を遂げても残るむなしさや苦しさ，背負った業の重さについて感じる。

　生徒たちはしっかり思い出せたようであった。絵本の31ページにある，チリンがうなだれているシーンを提示し最初の問いをした。

■1 チリンはウォーに，何を「ゆるしてくれ」と言っていますか。

　■チリンの過ちを確認する発問である。
・かたき討ちをしてしまったこと。
・先生であり，父のように慕っていたこと。
・慕っていたウォーをだましていたこと。
　「たしかに，人間には醜さがあります。チリンにも，ウォーからこれだけ愛情を受けても，母のかたきを取る復讐を実行してしまった『憎悪』という醜さがありました」と生徒の意見を肯定的に評価した。

■2 🈴 このことを克服するため，チリ

ンが気高く生きていくため，あなたはチリンにどのような話ができますか。
　■チリンの過ちを克服することの難しさを感じさせるための発問である。
　3人班で1分ローテションで役割演技を3回させた。役割は以下の通りである。
　A　うなだれるチリン
　B　チリンに語る助言者
　C　ジェスチャーなどでBを支援
　各3人班で役割演技を始めた。そのなかで割とやりとりが長く続いていた班があったので，全員の前で役割演技を再現させた。

> Ⓑお母さんのかたきは絶対に取らなければならないのだから，それはそれでよいと思うよ。
> Ⓐでもあれだけ優しくしてもらったのだから，自分がやったことが苦しい。
> Ⓑ立派な生き方をして，ウォーの分も生きていくしかないんじゃないか。
> Ⓐウォーが，最後に，おれはよろこんでいると言った。あの言葉も気になって。
> Ⓑそうだよ。ウォーも最後に，お前を信じることができたじゃないか。
> Ⓐそのウォーを裏切ったから辛いんだ。
> Ⓑ……。

　他の生徒から「だんだんと，励ましの言葉が出なくなった。自分たちの班もそうだった」といった感想が出された。
　「もう1冊，こちらの絵本を覚えていますか」と言って，絵本『キラキラ』を見せた。生徒たちはさらに頷いている。1週間前にこちらを教材に授業をしているからだ（83〜86ページ実践『許せない気持ち』掲載）。

> 【実践の概要】
> 　行き過ぎた正義感からネット上でのデマを流してしまう事件について考え，後半で本書を活用し，正義を重んじるあまり冷静さを失うと取り返しがつかない恐れがあることに気づく。

　こちらもしっかり思い出せたようであった。

100

絵本の22ページにある，キルがうなだれているシーンを大きく提示して問うた。

❸ キルはキラキラに，何を「ゆるしてください」と言っていますか。

■キルの過ちを確認する発問である。

・弟を助けてくれたのに矢を放ったこと。
・おばけと勘違いしてしまったこと。
・仲良くできるはずだったのにこんなことをしてしまったこと。

「たしかに，人間には弱さや醜さがあります。キルは先入観もあってとっさの判断に誤り，キラキラの命を奪ってしまいました」と，こちらの生徒の意見も肯定的に評価した。

❹ 🈯 このことを克服するため，キルが気高く生きていくため，あなたはキルにどのような話ができますか。

■キルの過ちを克服することの難しさを感じさせるための発問である。

こちらも，3人班で1分ローテーションで役割演技を3回させた。役割は先と同じである。

　A　うなだれるキル
　B　キルに語る助言者
　C　ジェスチャーなどでBを支援

こちらも各3人班で役割演技を始めた。その中で割とやりとりが長く続いていた，先とは別の班に，全員の前でそのやりとりを再現してもらった。

> Ⓑ弟を守るためだろう。仕方ないよ。
> Ⓐ正直，絶対悪い奴だと思い込んでしまったんだ。冷静にその様子を見ていたら，こんなことにはならなかったかも。
> Ⓑでも一瞬の出来事だったんだよね。間違っても仕方ないよ。
> Ⓐじゃあ，罪はないかというと，そんなことはない。僕は矢を放ってしまったんだよ。
> Ⓑ本当の怪物だったら，君が矢を放たなかったら確実に弟は死んでいたんだ。
> Ⓐ死んでしまったら，もう生き返ることはできない。やはり取り返しがつかないことをしたんだ。

> Ⓑきちんとお墓も建てているじゃないか。今できることは，反省して，きちんとやっている。

❺ 🈫 どちらへの助言が難しかったですか。それはなぜですか。

■過ちを克服する難しさをさらに深く学ぶための発問である。

隣同士で話し合わせた後，どちらが難しいか挙手させ，理由を考えさせた。

【チリンへの助言の難しさ】

・ウォーから愛情を受けていたチリンはそのことへの感謝を十分持っていたはずなのにウォーを殺してしまったことに，なんと言って良いかわからない。
・キルの方は，一瞬で判断しなければならなかったから，間違うこともあるかなと思うし，本物の怪物でためらっていたら弟がやられている。
・一人で生きていかなければならない運命を背負ってしまったこと。

【キルへの助言の難しさ】

・自分の先入観だけで，キラキラは悪い者と間違ってしまったから。
・弟を助けてくれていたので感謝すべきところなのに，矢を放ってしまったことは大きな後悔である。
・チリンの方は，母親のかたきなので，納得できないわけでもない。

❻ 🈦 チリンとキル。双方ともに，「どうしても克服できないこと」はあるでしょうか。あるとしたら，二人は，どう生きていけばよいのでしょうか。

■ねらいに迫る発問である。

ワークシートに5分間書かせた。

・相手をあやめてしまい，取り返しがつかないことをしてしまった。供養に励む。自首して罪を受け入れる。
・理由が自分の勘違いであったこと。罪滅ぼしになる生き方をするしかない。

最後にワークシートを回し読みさせた。

役割演技について〜基本を押さえる〜

　道徳教育の質的転換のためには，質の高い多様な指導方法の確立が求められており，その一つに「道徳的行為に関する体験的な学習」があげられている。その例として，本実践でも取り入れている「役割演技」が示された。

　役割演技などの体験的な学習により，教材で扱う問題場面を，読み物として実感を伴わずに受けるのではなく，児童生徒が実感を伴って受けることが可能になる。その結果，問題や課題を児童生徒一人一人が主体的に解決するために必要な資質・能力を養うことができるようになることが期待される指導方法である。

　問題場面を，模擬的ではあるものの実際の体験に近い形でやってみること，また，それに対して自分ならどういう行動をとるかということを演技をしながら児童生徒自身が試みることを通して，道徳的価値を高めるための資質・能力を実践的に養うことができる。

　生徒の表現活動方法として次のようなものがあげられる。

　1　発表
　2　書く活動
　3　役割演技（生徒に特定の役割を与えて即興的に演技する）
　4　動作化（動きやせりふのまねをして理解を深める）
　5　実際の場面の追体験
　6　実験や観察，調査

　役割演技については，生徒の感性を磨いたり，臨場感を高めたりすることができる。また，自分自身の問題として深く関わることができる。共感的な理解や，主体的に道徳性を身に付けることも期待できる。

　一方，これらの前提として，しっかりとした学級経営があるとともに，興味本位に流れるだけの展開にならないよう配慮が必要である。

役割演技についての推薦文献

　上越教育大学の早川裕隆氏は道徳科における役割演技についての造詣が極めて深い。氏の論文や書籍は必読である。

・『実感的に理解を深める！ 体験的な学習「役割演技」でつくる道徳授業　学びが深まるロールプレイング』早川裕隆：著　明治図書出版

（熊本県　桃﨑剛寿）

コロナ禍で
生かしていける教材

コロナ禍のなかで起きていることを直接的・間接的に教材化した１章と２章に比べ，本章での実践は，生徒にコロナ禍を大きく意識させて授業を進めるものではありません。トータルバランスの取れた道徳科の授業であれば，コロナ禍のなかでも道徳性を育むものとして十分機能するはずです。逆に言うと，つまらない，生徒が本気になれないような道徳科の授業では，コロナ禍のなかで機能するわけがありません。生徒を本気にさせる授業こそが，生徒の道徳性を着実に高め，望ましい方向へと資質・能力を高めるのです。

「生徒の心に響くよりよい教材はないか」と常日頃アンテナを張ってきた教師が教材化した珠玉の実践が，ここに13本集まりました。

コロナ禍で生かしていける教材

23. 広告「さ、ひっくり返そう。」に込められた意味を知ることを通して，制限があったときに逆転の発想で見直し，工夫することの大切さについて考えさせる「さ、ひっくり返そう。」

24. 新しい「しかけ」を書き加えたイソップ物語で誠実について考え，人間として誇りをもった生き方を望む意欲を高める「3人目の男～『金の斧』その後～」

25. 自分らしさについて悩み，考えている生徒に「ジョハリの窓」から，自分の個性に気づき，個性を伸ばしていこうとする「私ってどんな人?」

26. マットペインター上杉さんが自己実現させていく姿から，目標を失ったり，奪われてしまったりした生徒を励まし，よりよく生きようとする心を育てる「上杉裕世さんの生き方から学ぶ」

27. 主人公の優と葵ちゃんの手紙の往還（自作読み物教材）から，どんな時代でも変わらない人と人との関わりのあり方について深く考える「切手のない手紙」※第2章としても可能

28. ゲーテとシラーの「究極の友情」に触れ，友情としての望ましさや憧憬を検討し，自分の友情に対する考えを見直した上でよりよい友情とは何かを考える「ゲーテとシラーの物語」

29. 海老原宏美さんの生き方から障害者の方の視点で世の中を見つめ直し，互いの違いを理解し合い，さらに社会でも自分とは違う生き方を認め合う気持ちを育てる「わたしが障害者じゃなくなる日」

30. 中学生の家族関係で起きがちな齟齬について考え，家族の思いを受け止め，互いに理解することを通してよりよい家族関係を築いていこうとする「親子のすれ違い」

31. 「駅前逆開発」への取り組みから，郷土の良さに目を向け，自ら行動することの素晴らしさに気づき，郷土のために行動しようとする力を高める「開発と『逆開発』」

32. 動物園で起きた悲劇と平和とは何かを考えさせるやなせたかしさんの絵本から，互いの国を尊敬することや平和とは何かを考え，世界の平和を心から希求する「Zoo is......」

33. 動物の「殺処分」に真正面から取り組んだ高校生の姿から，身近な動物をはじめ，生きとし生けるものの生命の尊さに気づかせ，あらゆる生命を大切にする心を育てる「いのちの花」

34. 世界の海の汚染と私たちの関わりを学び，問題意識を高め，環境問題に対して世界の人々の暮らしを守るために自らにできることを考え行動していこうとする力を育てる「私たちの海を守れ!」

35. 漫画『1/11(じゅういちぶんのいち)』の1編から，自分で自分の可能性を押し殺してしまうことがあることに気づき，それでも奮い立たせようとする心の動きについて考える「あなたはプロにもなれる」

　これらの実践群を通して生徒にたくさんの「心の引き出し」をそろえることで，予期できぬコロナ禍の場面でもよりよく生きていけるようになることをねらっています。

1年		逆転の発想を学ぶ

23. さ、ひっくり返そう。

感　動	★★☆
驚　き	★★★
新たな知恵	★★☆
振り返り	★☆☆

web
3-23
授業用
パワーポイント

　さまざまな制限が生じたとき，その制限のなかで見直しを進めたり工夫をしたりすることで，元々よりも良くなることがあります。コロナ禍のなかでもよく見られ，「ピンチはチャンス」という言葉をよく耳にしました。逆転の発想を考えさせる道徳授業として，この授業を創りました。

教材　西武・そごう百貨店　新聞広告「さ、ひっくり返そう。」

■ 教材の概要 ■

　小柄な体で，自身より大きな体の力士に真正面からぶつかって勝つ。そんな炎鵬関に魅了されるファンは多く，NHK大相撲の動画再生ランキングでも炎鵬関の取組は連日1位。一方でその苦労は大変なものであると思われる。そのイメージにぴったりなポスターの11の文章。上から順に読んだとき，逆に読んだときでまったく意味が変わるという，意外性を併せもった教材である。

■ 授業構成 ■

0　　3	10　　13	18	23	28	40	46	50(分)
●説明● 炎鵬関 の紹介	●発問● 炎鵬関の 気持ちは?	●教材● 広告文 を読む	●発問● 広告文を読 んでの感想	●教材● 広告文を 逆に読む	●発問● 逆に読ん での感想	●発問● どんなことが 学べるか?	動画視聴	授業の 感想

協働的な学び　協働的な活動・4人班での交流（話し合い）。

■ 本時の授業を中心に見取った評価文の例 ■

　「次の道徳はどんな内容ですか」とよく聞きにくるほど意欲的に学んでいます。特に炎鵬関の『さ、ひっくり返そう。』を使った授業では，前向きにとらえていく考えにとても共感して，生活に生かしていきたいという気持ちを高めていました。

協働的な学びの度合い ●● ● ● ● ● 　　授業準備度 ●●● ● ●

ねらい

　逆境を乗り越えるためには自分を信じ，地道に努力を続けることが大切であることに気づくと同時に，逆転の発想によって見方や考え方を変えることで，新たな希望や勇気を見いだそうとする心情を育む。

　　　　A４［希望と勇気，克己と強い意志］

準備

・教材（108ページに掲載）
・写真　炎鵬関の相撲の取組

授業の実際（3年で実施）

　「炎鵬」と板書し，「知ってますか」と尋ねると，「名前は聞いたことがある」「相撲の力士」という反応であった。
　「炎鵬関は今，大相撲界でとても人気のある力士です。相撲界の牛若丸というニックネームがついています」と説明し，大きな力士に勝っている写真を掲示した。
　「身長169cm，体重92kgの体格で活躍しています」と説明すると，「身長は僕より低い」「こんな体格でも相撲取りになれるんだ」と驚いていた。
　「相撲は柔道のような体重による階級はないので，どんな力士とも取組を行います。その結果，どんなことが起きると思いますか」と言って，相撲の取組で，大きな力士に投げられている写真を黒板に掲示した。

■ 炎鵬関はどんな気持ちで土俵に上がっていると思いますか。
　■逆境にある人の強い気持ちと弱い気持ちが交錯する心情を想像させる発問である。
　ワークシートに自分の意見を書き，グループで意見を交流させた。その後，挙手した生徒に発表させた。
【肯定的な意見】
　・負けたくないという強い気持ち。

・応援してくれている人のために頑張る。
・小さい身体だからできることがある。
【否定的な意見】
　・大きい相手はいやだな。
　・なんで力士になったんだろう。
　・早く取組が終わればいいのに。
　肯定的な意見もあるが否定的な意見もあった。どの意見も板書し，さまざまな気持ちが交錯する土俵上の炎鵬関の気持ちを生徒に想像させた。
　次に「ある百貨店の新聞広告に，炎鵬関がモデルになったものがありました。そこに次のような広告文が載っていました。読んでみましょう」と言って，広告文付きのワークシートを配付した。

〈広告文〉
1）大逆転は、起こりうる。
2）わたしは、その言葉を信じない。
3）どうせ奇跡なんて起こらない。
4）それでも人々は無責任に言うだろう。
5）小さな者でも大きな相手に立ち向かえ。
6）誰とも違う発想や工夫を駆使して闘え。
7）今こそ自分を貫くときだ。
8）しかし、そんな考え方は馬鹿げている。
9）勝ち目のない勝負はあきらめるのが
　　賢明だ。
10）わたしはただ、為す術もなく押し込まれる。
11）土俵際、もはや絶体絶命。

　まず，黙読し内容を理解させた。
　その後，個人で音読をした。炎鵬関が土俵上で言っていると想像しながら読むことを意識させた。

■ この広告文を読んでどう思いましたか。
　■逆境にある人の心情に迫り，自分事として逆境時の心情を想像させる発問である。
　・厳しい現実を受け入れろと言われている感じがした。
　・広告文らしくないと思った。

何が言いたいのかよくわからなかったと少し混乱しているような感想が多くあった。

「この広告文を11名の人に読んでもらいます」

11名を挙手で指名し，「作戦タイム」と言って読み手に指示を出した。

①一人一文ずつ読む。

②大きな声で読む。

③11）まで行ったら，逆に読む。

聞き手は読み手の声をしっかりと聞くようにと声をかけた。緊張感と集中力が活動を盛り上げる。

「それでは，今から音読してもらいます。どうぞ！」

大きな声ではっきりと担当している一文を読み，最後まで読み終えたとき，「今から逆に読んでもらいます」と説明し，11）から逆に読み始めてもらった。

聞いている生徒は驚いた様子で聞いていた。同様に読んでいる生徒も，驚きをもって最後まで読み切った。

❸逆に読んだのを聞いて，どう思いましたか。

■ポジティブな内容に変換されたことへの驚きを共有し，教材への興味関心を高める発問である。

・1→11までを読んだときはネガティブな感じになったけど，11→1を読んだときはポジティブな気持ちになってきた。

・同じ文章なのに読む順番を変えただけで印象がまったく違っていて驚いた。

1→11，11→1の順で3分間，声に出して読むよう指示をした。そして隣同士で読み終えた感想を交流させた。

もう一度同じ問いをすると，「この広告文を作った人は天才だと思った」「炎鵬が広告のモデルになった理由がわかった」と2名の生徒が発表をした。

次に新聞広告を大きく提示した。

「このように炎鵬関がモデルになっています」と言って，「さ，ひっくり返そう。」の文字は隠して黒板に掲示した。そして，「そうですね。『さ，』のあとには，『ひっくり返そ

う。』という言葉が続きます」と説明し，広告ポスターのコピーの部分を見せた。すると，生徒は納得した表情をしていた。

❹ 🈩 同じ文章でも順番を入れ替えると，このように意味が変わったことから，どんなことが学べますか。

■ねらいに迫る発問である。

4人班で交流させた。代表で3つの班に発表させた。

・炎鵬関は体格が小さいことを逆に武器にして大相撲を大いに盛り上げていて，この広告のモデルになったと思う。同じ状況でも見方を変えると違うとらえ方ができることがわかった。

・これまでの経験でも，見方や考え方を変えて逆境を乗り越えたことを思い出した。

・これからの人生のなかでも，土俵際，絶体絶命があるかもしれない。そのとき，どう考えとらえるのか楽しみだ。

最後に「SEIBU SOGO」のホームページからこのポスターの内容の動画を見せた。授業の終末として，本時の学習を印象づけるのにも効果があった。

●生徒の感想

・野球の試合で開き直ってバットを振ったらタイムリーヒットになったときのことを思い出した。

・入試が近づいてきて諦めモードになっていたけど考え方を反対にすると上手くいく気がしてきた。

・元気が出てきた。

教材 西武・そごう百貨店新聞広告「さ、ひっくり返そう。」

大逆転は、起こりうる。

わたしは、その言葉を信じない。

どうせ奇跡なんて起こらない。

それでも人々は無責任に言うだろう。

小さな者でも大きな相手に立ち向かえ。

誰とも違う発想や工夫を駆使して闘え。

今こそ自分を貫くときだ。

しかし、そんな考え方は馬鹿げている。

勝ち目のない勝負はあきらめるのが賢明だ。

わたしはただ、為す術もなく押し込まれる。

土俵際、もはや絶体絶命。

ここまで読んでくださったあなたへ。
文章を下から上へ、一行ずつ読んでみてください。
逆転劇が始まります。

さ、ひっくり返そう。

わたしは、私。

SEIBU 西武
www.seibu.jp

SOGO
www.sogo-gogo.com

（福岡県　肘井千佳）

1年

2年

3年

「誠実」の意味

24. 3人目の男 ~「金の斧」その後~

感　動	★☆☆
驚　き	★★☆
新たな知恵	★★★
振り返り	★★☆

web
3-24
授業用
パワーポイント

　昔話や童話などを話題にすると，何か語り出したくなる傾向が中学生にはあるように思います。長く語り継がれるそれらの物語のなかに，「人間とは何か」について語り合いたくなる「しかけ」のようなものが含まれているのかもしれません。もしかして，そのような「しかけ」をうまく用意すれば，「人間とは何か」について語り合う場（哲学的，対話的で深い学び）が創り出せるのではないだろうかと考え，今回はイソップ物語「金の斧」をベースにして，新しい「しかけ」を書き加えてみました。

教材 **「3人目の男 ~『金の斧』その後~」**
（自作教材）

■ 教材の概要 ■

　1人目の木こりが誤って斧を泉に落とす。泉の中から現れた神様は，金・銀・汚れた木こりの斧を順に見せる。木こりは正直に汚れた斧だけが自分の斧だと答える。神様は金銀の斧も木こりに渡す。それを聞いたもう1人の木こりが，自分の斧を泉に投げ込み，「金の斧が自分の斧だ」とうそをつくのではなく，自分の欲望に正直にその金の斧がほしいと言う。神様はそのまま泉に消える。2つの話を注意深く聞いていた3人目の男は，1人目の木こりと全く同じ行動を取るのだった……。

■ 授業構成 ■

0		8		14		18		42		50(分)
●教材提示● A・B（範読）		●発問● 神様の判断は妥当？	対話	●教材提示● C		●発問● B・C どちらが悪い？	対話	●発問● 誠実ってどういうこと？ 自己内対話	●発問● あなたと誠実のつながりは？ 自己内対話	

　協働的な学び　学習形態を「4人組」から，「二重の輪」へと転換！

■ 本時の授業を中心に見取った評価文の例 ■

　物語の人物の言動を比較しながら自分の考えを述べたり，級友の考えを聞いたりすることを通して，人間はどうあるべきかということに対して考えを深めることができました。

協働的な学びの度合い ●●・・・・　授業準備度 ●●・・・・

ねらい

それぞれの登場人物の斧に対する立場の違いについて語り合い、誠実とはどういうことかについて考え、人間として誇りをもった生き方をしようとする道徳的実践意欲を高める。
A1[自主，自律，自由と責任]

準備

・教材（112ページに掲載）生徒数分

授業の実際（1年で実施）

「『誠実』ってどういうこと？」と尋ね、3名を指名すると、「うそをつかないこと」「正直に行動すること」などの意見が出た。「今日は、このお話をもとに誠実の意味を考えます」と言いつつ、教材を配付した。

生徒の表情を見つつ、Ａをゆっくりと範読した。その後、「さあ、この後どうなるだろう」と言って、ゆっくりとＢを範読した。

❶神様の判断は、どうでしょうか？

■教材への興味を高める発問である。

生徒のなかには、すでに「1人目の木こりは正直で、2人目の木こりはうそつき」というイメージがあるようだ。

多くの生徒は、「これでいい」「正しい」と反応する。

なかには、「うそをついているので、ばちが当たった」などという生徒が出た。そうすると、「この2人目の木こりは、うそをついているわけではない」と発言する生徒が出た。「かわいそう」「神様が何も言わないで消えていくのは、おかしい」といった反応が出た。

この場面では、神様の判断に対して肯定する生徒の発言の後、否定的な立場の生徒が発言するように指名を工夫した。具体的な手立てとしては、次の2つである。

①普段の生徒の様子をもとに意図的に指名した。

②反応が素早い生徒は、肯定的反応である

傾向があることから、「どうでしょうか？」と尋ねた瞬間に即座にうなずいている生徒を先に指名した。

ほかにも、賛成は水色、反対はピンク、保留は黄色のように、カラーのカードを用いて意思表示をさせる方法も考えられる。

また、順番に自分の意見を述べるだけの発表のし合いから、集団での思考が深まっていくことが体験できる「語り合い」へと、生徒の発言をコーディネートしていくことが、欠かせない。

この話が、イソップの「金の斧」とは、違うことを確認した上で、「この後、どうなると思う？」と教室全体を見回して語りかけた。生徒の表情をうかがってから、Ｃ「ここまでの話を、はじめからすべて注意深く聞いていた3人目の男が……」と読み、以下のように話し、教材に書き込ませた。

> 1人目の木こりとまったく同じ行動をしたのでした。

「神様は、どうする？」と尋ねると、生徒は、1人目の木こりへの対応と2人目の木こりへの対応の中間とも言える、「自分の落とした斧を返す。金銀の斧は渡さない」と答えた。ほかの学級で実施したときも同じような傾向があり、不思議な反応であった。

❷ 対 2人目の木こりと3人目の男では、どちらが悪いでしょうか？

■結論を出すことよりも、その根拠を探っていくことにより、本時で考えたい道徳的価値に迫っていく発問である。また、2人を比較することで、思考を深めていくための発問である。

ここは、じっくりと考えるために、一人一人が自分の判断とその根拠を書く活動を取り入れた。一度書くことで、発言する上での抵抗感は薄れるが、自分の考えを述べてそれで終わりとなることも心配される。そこで、「ほかの人の考えを聞いて、自分の考えが変わっていくって、すばらしいことだよね」と言った上で、対話の場面を設定した。学級の生徒

数にもよるが，ここでは4人組のグループでの意見の交流の後に，さらに全体での交流という流れを取った。少人数のグループで発言し，メンバーから賛同を得た生徒は，そのことを学級全体に伝えたいというモチベーションが高まると考えられる。

その思いを生かし，学級全体で語り合う雰囲気を演出するために，学習形態を「4人組」から，「二重の輪」へと転換した。「二重の輪」は，30名前後の生徒数の場合，内側10名，外側20名程度で，内側を向く，座席配置である。全員が前を向いている形態や，コの字型に比較して，コンパクトな配置となるものである。包まれるような安心感で語り合いが行えると生徒からは評判がよい方法だが，3密を避けるべき現状では，実践しにくい形態であり，マスク着用の徹底と時間制限をして行った。

2人目の木こりと3人目の男を比較していくなかで，先ほどの，3人目の男に対する不思議に甘い反応は変化していく。

　　・2人目は単純だが，3人目は全部を知った上で意図的にやっている。
　　・2人目は，自分の欲望に対して正直で，3人目は，そのことも隠している。
　　・自分の欲望で動いているところは，2人とも同じだが，3人目は，そのことも隠している。

生徒は，2人の共通点や相違点をあぶり出していった。つまり，類比と対比を行いながら，その内面にあるものを探った。

道徳科の授業では，自分との関わりで道徳的価値を捉え，人間としての生き方について考えを深めていくことを願っている。本時の終末では，書くことで考えを深めていくことをめざし，自分と「誠実」のつながりについて考えさせる「自己内対話」を行った。

❸ 「誠実」とはどういうことでしょう。
■自己内対話を促す発問である。
　　・自分の考えを貫きながらも，謙虚でいるということが誠実だと思う。
　　・誰に対しても謙虚で尊敬しながら，中心には，しっかりとした自分の考えがあり，それを実行できるのが「誠実」だと思う。

生徒の発表を聞いて，自分自身との関わりが薄いなと思ったので，次の問いをした。補うことで，生き方についての考えを深めようと考えた。

❹ 主 あなたと「誠実」のつながりは何でしょう。
■前の問いの「自分自身との関わりの弱さ」を補う発問である。
　　・正直で，うそをつかない，欲を出さないのが誠実だと思う。自分は欲が出てしまうので，誠実な人だとは思わない。
　　・結果がよいかもしれないが，モノがほしいから計画的に「誠実な人をまねする」のは，よくない。これからは，何かを求めてウソをつかないようにする誠実さではなく，自分のために誠実にしたい。

発問❸と発問❹を行ってみて，発問の重さを実感したところで授業を終えた。

●授業を終えて
「誠実」であることは，難しい。誠実であろうと思った時点で，もはや誠実ではないのかもしれない。マハトマ・ガンディーもそんなことを言っていたような気がする（ビリー・ジョエルだったか……）。しかしながら，「人間とは何か」「人間としてどう生きるべきか」を考えていく上で，「誠実」ほど鋭い「斧」も，なかなか見当たらないように思われる。

型通りに指導案を書くとすれば，本時の内容項目は，A－1またはD－22かと思われるが，そのことで悩むよりも，生徒の発する言葉のなかに，人間として大切な何かが潜んでいると信じ，対話をじっくりと見守ることが誠実な授業者としてのあり方のように考えている。

教材　3人目の男 ～「金の斧」その後～　自作教材

A　ある日のことでした。【一人の木こり】が森で木を切っていましたが，うっかり手を滑らせてしまい，泉に大切な自分の斧を落としてしまいました。斧がないと仕事ができません。木こりは困りはててしまいました。
　　すると泉の中から神様が現れて，ぴかぴかに光る金の斧を見せておっしゃいました。
　　「あなたが落としたのは，この斧ですか？」
　　「違います。わたしが落としたのは，そんなに立派な斧ではありません」
　　すると神様は，次に銀の斧を出されました。
　　「それでは，この斧ですか？」
　　「いいえ。そんなにきれいな斧でもありません」
　　「それでは，この斧ですか？」
　　神様が最後に出されたのは，木こりの使っていた汚れた斧でした。
　　「そうです。そうです。拾ってくださってありがとうございます」
　　すると，神様は
　　「すばらしい……。あなたには，金の斧も銀の斧もさしあげます」

B　その木こりが金と銀の斧を神様からもらった話を聞いた，隣に住む【もう一人の木こり】が，あわてて森に出かけていきました。そして，自分の斧を，わざと泉に投げ込みました。
　　すると，やはり泉の中からぴかぴかに光る斧を持った神様が現れました。
　　「それだ，それだ，その金の斧がほしかったのです。私にその斧をください」
　　その言葉を聞くと，神様は何もおっしゃらずに，そのまま泉の中に消えていかれました。そして，二度とその男の前に姿を現しませんでした。2人目の木こりは，金の斧や銀の斧を手に入れるどころか，自分の大切な斧までも，失ってしまったのでした。

C　ここまでの話を，はじめからすべて注意深く聞いていた【3人目の男】が……。

┈┈┈

（秋田県　伊藤 香）

112

	感　動	★☆☆
	驚　き	★★☆
	新たな知恵	★★★
	振り返り	★★☆

1年

2年

3年

自分自身を受け入れられているか

25.私ってどんな人?

web
3-25
授業用
パワーポイント

　自分の個性をしっかりと出せている友達のことが輝いて見えたり，いいなぁと思う反面，「自分らしさ」ってそもそも何だろう? と悩み，考えている中学生は多いのではないでしょうか。周りに変に同調することなく，「私ってこうだよ!」「僕はこれが好き!」と生徒たちが自分の個性を包み隠すことなく生活していってほしいとの想いで，この授業を創りました。

教材
ジョハリの窓
河合隼雄さんの言葉
『私たちの道徳　中学校』文部科学省

■ 教材の概要 ■

　ジョハリの窓とは，自己分析に使用する心理学的手法の1つである。自分が知っている自己と，他人が知っている自己の情報をクロスさせることにより，「開いている窓」「気づいていない窓」「秘密の窓」「未知の窓」の4つに分類して自己分析を図る。自分の個性について悩むことが多い中学生にとって関心が高いであろう教材である。

　「『自分はだめじゃないか』という気持ちを持っていないと，進歩がありません」という河合隼雄さんの言葉は自己肯定感が低くなりがちな中学生をはげますパワーフレーズである。

■ 授業構成 ■

0	8	20	25	30	35	40	43	48 50(分)
●活動● 担任のフルネーム 担任の「らしさ」	●発問／調査● 私らしさ? ジョハリの窓	●発問● みんなが知っている私?	●発問● みんなだけが知っている私?	●発問● 自分だけが知っている私?	●発問● 誰も知らない私?	●発問● 自分はダメ?	●発問● 言葉の意味は?	授業の感想

協働的な学び　調査用紙に「らしさ」を記入し，選んだ理由を説明し合う。

■ 本時の授業を中心に見取った評価文の例 ■

　班活動を通して自分の個性を見つめるとともに，河合隼雄さんのメッセージから自分の良いところも悪いところも一つの個性としていきたいという意欲を，ワークシートに書いていました。

協働的な学びの度合い ●●●●○　　授業準備度 ●○○○○

ねらい

友達と「らしさ」を見つけることを通して，自分の個性に気づき，個性を伸ばしていこうとする意欲を高める。

A3［向上心，個性の伸長］

準備

・教材（116ページに掲載）生徒数分
・ワークシート　生徒数分

授業の実際（3年で実施）

授業開始後，「ワークシートに，担任のフルネームを漢字で書いてください」と指示した。わかる生徒とわからない生徒の間で教え合いが自然と起きて，和やかな空気が生まれた。半数ほどの生徒がフルネームで書くことができた。

次に，「松本先生は，この世にたった一人です」と言い，「松本先生らしさをできるだけたくさん書いてみましょう」と指示をした。ここでは，多くの生徒に発表をさせ，発表はすべて板書して参加意欲を高めた。

全員の意見を聞き終わったら「ここまでは練習です」と言い，最初の発問をした。

❶あなた「らしさ」はどんなところですか。

■自分を振り返らせる発問である。

自分の「らしさ」を，はっきりと答えられる生徒は数名だった。反対に，「ない」「わからない」と言う生徒がほとんどだった。「人の『らしさ』は見つけやすいのに，自分の『らしさ』は見つけにくいですね。では，みんなにあなた『らしさ』を聞いてみましょう」と言い，「ジョハリの窓」調査用紙を配り，語句の説明をし，調査を行った。

1．4～6人班をつくる。
2．自分の調査用紙に，自分の名前を書いて右隣に回す。
3．調査用紙が回ってきたら，その人の「ら

しさ」を項目1～38から3つ選び下の枠内に番号を書く。（一人1分半）
4．右隣に調査用紙を回し，これを人数分繰り返す。

調査が終わったら，「『ジョハリの窓』とは，自己分析に使用する心理学モデルの一つです。自分自身が見た自己と，他者から見た自己の情報を分析することで，『私』を4つに区分して自己を理解するものです」と説明をした。

		自分は	
		知っている	知らない
周りの人は	知っている	開いている窓 （自分も周りも 知っている）	気づいていない窓 （周りの人だけが 知っている）
	知らない	秘密の窓 （自分だけが 知っている）	未知の窓 （自分も周りの人も 知らない）

❷みんなが知っている私とは，どんな自分でしょうか。

■「開いている窓」を理解させるための発問である。

「今書いてもらったなかに，自分でもそうだ，と思うものに赤ペンで印をつけましょう」と指示をした。そして，「印をつけたなかでもっともそうだ，という項目について具体的な例を示して交流しましょう」と言って交流させた。「自分はこんな感じだよね」など確認し合う姿が見られた。

「友達が，そして自分もそうだ，と思うあなたのはっきりとした『らしさ』のことを，『個性』とも言えますね」と説明した。

❸みんなだけが知っている私とは，どんな自分でしょうか。

■「気づいていない窓」を理解させるための発問である。

「友達が選んだ項目のなかで，あなたが印をつけなかった項目です。周りの人だけが知っている『私』。これもあなたの『個性』です。項目を選んでくれた友達に，選んだ理由を聞いてみましょう。聞かれた人は，具体的な例を示して答えましょう」と言い，交流をさせた。「俺ってそうなの？」という言葉が出ていた。先の問いよりも，興味深く参加している様子が見られた。

4 自分だけが知っている私とは，どんな自分でしょうか。
■「秘密の窓」を理解させるための発問である。

「友達が選ばなかった項目のなかで，自分はそうだ，と思う項目のことです。これも実は『個性』です。みんなは個性を時と場合によって使い分けているのです。人に迷惑をかけないように，『自分だけが知っている私』を抑えて他の人と接しています」と説明した。「あなたの，友達にも隠していた秘密，『実は〜』で話せるなら交流してみましょう」と言って，交流をさせた。デリケートな内容もあるので，話しても構わないという生徒だけに交流，発表させた。あちらこちらから「へえー」「ほおー」という感嘆の声があがっていた。

5 誰も知らない私とは，どんな自分でしょうか。
■「未知の窓」を理解させるための発問である。

「最後まで残った，選ばれなかった項目です。これはあなたの新たな『個性』です。いつか見つかるかもしれませんね」と伝えた。
そして，「最初はわからなかった自分らしさ，個性は見つかりましたか」と言って次の終末の学びへと進んだ。
「自分のことについて，いろいろなことに気づく道徳学習をしましたが，どうでしょう，次のようなことを思った人はいませんか」と言って，「自分はだめじゃないか」と板書した。

6 主 「自分はだめじゃないか」と思いますか。次の4択で答えてください。
ア とても思う
イ わりと思う
ウ 少し思う
エ まったく思わない
■終末の学習へつなぐ発問である。

挙手させると「ウ」が多く，次に「エ」，「イ」，「ア」の順であった。
「この言葉について，『私たちの道徳 中学校』という本に，臨床心理学者で，元文化庁長官である河合隼雄さんの言葉が紹介されています」と言って，先の板書に次のように加筆した。

> 「自分はだめじゃないか」
> 進歩がありません。

「自分に自信がないとダメですよという意味かな」と投げかけると生徒はうなずいた。
「ところが，この2行の間にある言葉が入ります」と説明し次を書き加えた。

> 「自分はだめじゃないか」
> という気持ちを持っていないと，
> 進歩がありません。
> （『私たちの道徳 中学校』p.43文部科学省，平成26年に掲載）

7 深 この言葉はどのような意味があるのだろう。
■自尊感情が低下しないよう配慮する発問である。

「ペアで交流しましょう」と投げかけた。その言葉の意味や，自分の選んだことを振り返り，語り合う姿が見られた。
最後に今日の授業で感じたこと，考えたことを感想に書かせて授業を終えた。

●今日の授業で感じたこと，考えたこと
・自分らしさをもっていても，それを出さないと個性として現れないということを学びました。私は今，周りに同調したりして本当の自分を出せていない部分があると思うので，自分の個性を発揮できる環境を見つけて，のびのびと生きていけたらいいなと思います。
・自分の周りにも個性を発揮できず，一人で困っているかもしれない人がいるので，自分を受け入れるのはもちろん，周りの人も受け入れられるような人になりたいです。
・自分らしさが，思っていたのと全然違ってびっくりしました。自分が秘密にしている個性を出すということはすごいこと。

資料

ジョハリの窓　調査用紙

私が思う＿＿＿＿＿＿＿さん

①勝気である（内気でない）	⑳礼儀正しい
②友達が多い	㉑人をねたまない
③集中力がある	㉒人の評価を気にしない
④流行に敏感	㉓信頼できる
⑤自信を持っている	㉔親切である
⑥真面目である	㉕行動力がある
⑦陽気である	㉖慎重である
⑧几帳面である	㉗統率力がある
⑨健康的である	㉘教えるのがうまい
⑩思考が柔らかい	㉙交渉がうまい
⑪めげない	㉚企画力がある
⑫話し上手である	㉛判断力がある
⑬現実的である	㉜大胆である
⑭悩まない性格である	㉝おだやかである
⑮努力を惜しまない	㉞論理的である
⑯過去にとらわれない	㉟ユーモアがある
⑰忍耐強い	㊱自分から進んでする
⑱落ち着いている	㊲フレンドリーである
⑲協調性がある	㊳責任感がある

『幸せをよぶ心理学』武藤雪下：著　北大路書房
Johari Window（https://kevan.org/johari）を参考に，授業者が作成。

（熊本県　松本聡一郎）

感　動	★★☆
驚　き	★★☆
新たな知恵	★★☆
振り返り	★★☆

1年

2年

3年

挑戦しなければ失敗もしない

26. 上杉裕世さんの生き方から学ぶ

web
3-26
授業用
パワーポイント

　コロナ禍という理不尽な理由で，行事や部活動の大会といった目標を奪われてしまった生徒たち。進路選択を控えた３年生を励ましたいと考えたときに，真っ先に頭に浮かんだのは，ハリウッドのマットペインター（実写映像と合成するための写実的な絵を描く仕事）上杉裕世さんでした。ここから授業づくりが始まりました。

ジョージ・ルーカスのSFX工房
トーマス・G・スミス著　石上三登志監訳　序文ジョージ・ルーカス
朝日新聞社

教材 **上杉裕世さんの生き方**
　　　　（自作教材）

■ 教材の概要 ■

　大学生のときにマットペインターになるという夢を見つけ，「欽ちゃんの全日本仮装大賞」で優勝，賞金100万円を手にハリウッドに乗り込み，何度かの解雇ですら自分を高めるチャンスに変え，世界一のマットペインターになった上杉さん。自分の個性を生かした上杉さんの生き方を，これからの自分にどう生かしていくかを考えさせる教材である。

■ 授業構成 ■

● 説明 ● 上杉さんの言葉

0	3	5	7	10	15	20	22	28	40	42	45	50(分)

| ●説明● スターウォーズと上杉さん | イラスト | 教材① | ●発問● あなたならどうする?手紙を出した時の気持ちは? | ●発問● どうやって渡米費用を用意する? | 写真 | 教材②・③ | ●発問● 夢の実現を支えたものは何? | ●発問● 作者に言いたいことは? | ●説話● ふりかえり |

● 発問 ● 撮影された場所はどこ?

> **協働的な学び**　自由に立ち歩いて意見交換をして，より多様な意見に触れる。

■ 本時の授業を中心に見取った評価文の例 ■

　進路に対する焦りもありましたが，授業を通して自分に合った目標を見つけ前向きに挑戦することの大切さについて改めて考えを深めていました。

協働的な学びの度合い ●●● ● ●　　　授業準備度 ●●● ● ●

ねらい

上杉さんの生き方を通して，よりよく生きようとする実践意欲と態度を養う。

A3［向上心，個性の伸長］

準備

・教材1・教材2・教材3（120ページに掲載）生徒数分
・「スター・ウォーズ」のテーマ曲，映像
・上杉裕世さんの写真

授業の実際（3年で実施）

冒頭で映画のテーマソングを流し，スター・ウォーズの制作に関わった日本人がいることを説明すると，生徒から驚きの声があがる。上杉裕世さんの写真を紹介し「今日は上杉さんの生き方から学んでみよう」と本時のテーマを示す。

■この場面はどこで撮影されたものでしょうか。

■教材への興味を高める発問である。

「スター・ウォーズ エピソード6／ジェダイの帰還」のなかの，映画の予告編でも使用された，森のなかの戦闘シーンを紹介する。「CG」という声があがる。実際は巨大なボードに描かれた油絵と実写を合成したものであることを説明すると驚きの声があがる。このような実写映像と合成させるための写実的な絵を描く画家をマットペインターと呼び，現在はコンピューターを使って製作されていることを話す。
※『ジョージ・ルーカスのSFX工房』p.47（朝日新聞出版）に画家が絵筆を持っている場面の写真の掲載がある。

教材1を読み，発問する。

■どうしてもロッコさんに自分の作品を認めてほしい上杉さん。あなたならどうしますか？

席が近い生徒同士で予想する。上杉さんは

ロッコさんに手紙と作品を送り続けたことを話す。「ロッコさんから返事は来たと思う？」「手紙には，なんと書いてあったと思う？」席の近い生徒同士で予測し，次の質問をする。「手紙を出したときの気持ちを，上杉さんは次のように言っています。空欄にはどんな言葉が入ると思う？」

> つくった作品がロッコ・ジョフレさんに届かず，目標がかなわなかったとしても，やったことは（　　　　）と思った
>
> （「片桐裕司監督×上杉裕世氏（マットアーティスト）特別対談―ハリウッドから『ゲヘナ〜死の生ける場所〜』へいたるまで」を授業者がまとめた。）
> https://cgworld.jp/interview/201807-gehenna-2.html

「ムダにならない」と考えていたことを話す。しかしロッコさんからは
『大学を卒業したらアメリカにおいで』
という誘いの返事が来たことを話し，「でも簡単には渡米できない理由があった。何だと思う？」と質問した。当時の金額で100万円必要だったこと，アルバイト代を貯金しても1年かかることがわかったが，上杉さんはすぐにでも渡米し，ロッコさんの所で働きたかったことを説明した。

■いったいどうやって100万円を用意したでしょうか。

■ピンチでも諦めず，柔軟な発想で好機に転じた上杉さんの姿に共感させる問いである。

席が近い生徒同士で自由に予想させたのち，「欽ちゃんの全日本仮装大賞」の番組ロゴを示す。番組の優勝賞金が100万円であることを知った上杉さんは番組に応募し，大会当日の上杉さんの写真を示した。

「優勝できたと思う？」と尋ねると「優勝した」「そんなにうまくいくわけがない」といった意見が半々であった。教材２を読み，上杉さんが優勝したことを話すと，歓喜と驚嘆の声が生徒からあがった。続けて教材３を読む。

4 🈯 **夢の前に立ちはだかった様々な壁を乗り越えて，上杉さんが夢を実現できたのは，運が良かったからでしょうか。上杉さんの夢の実現を支えたものは何でしょうか。**

■「自己の向上を図る」という，本時のテーマとなる内容項目に迫る発問である。

ワークシートに記入した後，自由に立ち歩いて，意見を聴きたい相手と考えを交流し，授業者も話し合いの輪に入り，その後，数名指名して発表させた。

・上杉さんの成功は運だけじゃない。
・夢に対する貪欲さ。
・作品や師匠に対する愛。
・ロッコさんの期待を裏切りたくない。
・ピンチの時でもまだ道はある，と希望を忘れなかったこと。
・夢をかなえたい，という強い思い。

ここで，上杉さんの写真とともに，上杉さんの言葉を紹介し，A・Bにはどんな言葉が入るか考える。

目標を（A）持つ。そしてそれに向かう（B）の１つ１つをおろそかにしない。

（「笑ってコラえて」2001年1月10日放送を授業者がまとめた。）

Aには「高く」Bには「プロセス」という言葉が入る。

ここで，本田技研工業の広告『負けるもんか』を提示する。広告（詩）の全文は示さずに「そんなこと，現実の世の中ではよくあることだ」までをスライドで提示する。

5 🈿 **詩を読んで，作者に言いたいことはないか，考えてみよう。**

■それぞれの個性をより良い方向へ伸ばすことの大切さに気づかせる問いである。

「今日の授業でまだ話していない人と話してみよう」と声をかけ，自由に立ち歩いて考えを交流し，数名指名して全体で交流した。

・あなたが言う「努力」はどのレベルの努力なのか。
・後から振り返って，それは本当に努力だったといえるのか。
・何かにチャレンジしなければ失敗もしない。

作者に「夢のないことを言うな」「腹が立つ」といった怒りの声が生徒からあがるのではないか，と予想していたが，詩のなかの「努力」の度合について指摘したり，失敗したのは逃げずに挑戦した証であることに目を向ける意見が多く出された。

ここで広告（詩）には続きがあることを伝えて，全文をスライドで示し，読む。読後，次のように話す。「感染症対策の観点から，部活動の大会や行事が中止になってしまいました。頑張ってきた証を示すことができなくて悔しい思いをした人もたくさんいるでしょう。生きる時代は選べませんが，その時代をどう生きるかはみなさん一人一人が選ぶことができますよね」

6 🈪 **上杉さんの生き方からどんなことを学びましたか。それを自分のこれからのどんな場面に生かしたいですか？**

■先人の生き方に学び，それをこれからの自分にどう生かしていくのか，実践意欲を養う。

・ピンチが来てもそれを悪く思わずに「今から何ができるのか？」と考えて「ピンチをチャンス」に変える上杉さんの行動を見習って，時間が無くて受験勉強できないときでも「何かできないか」と考えて行動したいと思った。
・自分の夢は叶えるためにある，そして，夢は自分を成長させてくれる。

教材１ 「週刊 ビッグコミックスピリッツ」 2003年33号 p.395〜398（市田実：文）を授業者がまとめた。

　上杉裕世さんとSFX（特殊撮影）との出会いは，上杉さんが美術大学１年生の時「スターウォーズ　ジェダイの復讐」だった。「さすがハリウッドはお金があるから，大きなセットを組んでいる」というのが映画館での感想だった。しかし，それはセットではなくマットペインティングと呼ばれる油絵であると知った上杉さんは，大きな衝撃を受けた。上杉さんが持っていた映画への憧れは，マットペインターになりたいというはっきりとした目標に変わった。大学３年生の時，マットペインティングの巨匠，ロッコ・ジョフレさんが来日。映画「未知との遭遇」を手がけたロッコさんの講演を聴いた上杉さんは，なんとかロッコさんに，自分を認めてほしいと考えた。

教材２　読売新聞東京夕刊 1987年5月16日付より授業者が抜粋・一部改変した。

　「第21回欽ちゃんの全日本仮装大賞」でスタッフをアッと言わせた作品が、東京小平市の上杉裕世さんが考え出した「カブト対クワガタ」。ダンボールを使い、約二か月かけて昆虫二匹を製作。上半身にクワガタムシ、下半身にカブトムシを身につけて、二匹が争う場面に挑戦した。本物そっくりの精巧な出来栄えに加えて、体の折り曲げ方を変えて押し合いや技の掛け合いを躍動感たっぷりに熱演した。その迫力には、審査員も驚くやら感心するやら。司会の萩本欽一も「テレビ局でもここまでは作らないよ」。上杉さんは、映画の特撮技術を志す二十二歳の青年。「自分の実力がどの程度なのかをこの番組で試したかった。優勝出来れば賞金の百万円でハリウッドに行き、本格的な勉強をしたい」という。

教材３　日本テレビ「笑ってコラえて」 2001年1月10日放送の内容を授業者がまとめた。

　1987年アメリカに旅立った上杉さんは，ロッコ・ジョフレのもとでアシスタントとしてマット画の制作にあたった。しかし，ビザの関係で６か月で帰国しなければならなくなった。それでも上杉さんは夢を諦めなかった。日本の特撮会社で仕事をしながら，再び渡米のチャンスをうかがった。そして１年後，ある会社が上杉さんを雇いたがっていると連絡が入る。その会社こそが，あのスター・ウォーズの監督，ジョージ・ルーカス率いるILM社だった。1989年念願のILM社へ入社した。「インディー・ジョーンズ最後の聖戦」でのベルリン空港のシーン，「ダイハード２」のエンディングシーンなどは上杉さんが描いたマット画である。その後，すべてが順風満帆というわけではなく，一時的にILM社をクビになってしまったこともあった。その期間，日本のCM会社に自分の技術を売り込んだり，コンピューターグラフィックスの技術を磨いた。その後ILM社に復帰し「ジュラシックパーク」では背景のマット画をすべてコンピューターグラフィックスで仕上げた。この頃にはILMマットペインティングチームのリーダー，すなわち世界最高のマットペインターとなっていた。そして上杉さんの憧れだった，あのスターウォーズ「エピソードⅠ」のマット画を担当することになった。上杉さんの夢は叶った。スターウォーズに憧れていた大学生の頃から，約20年の歳月が流れていた。

（福島県　星　美由紀）

感　動	★★★
驚　き	★★☆
新たな知恵	★☆☆
振り返り	★★☆

1年
2年
3年

お互いに合った「距離」がある

27. 切手のない手紙

web
3-27
授業用
パワーポイント

　コロナ禍の時代，生徒は友達とどのようにして関係を深めていけばよいのか悩んでいることと思います。表情をわかりにくくするマスク，そしてフィジカル・ディスタンス……。新しい生活習慣は，生徒に今までと違った関係づくりを求めているのかもしれません。しかし，人と人とを結びつける心のあり方は，どんな時代でも変わらないのではないでしょうか。この教材から人と人との関わりのあり方について深く考えてほしいと思います。

 「切手のない手紙」
（自作教材）

■ **教材の概要** ■

　学校に足が遠のいて久しい主人公，優。学校に行きたいという思いをもちながら，一歩を踏み出せず悩んでいる。そんなとき，小学校からの友達，葵ちゃんから切手のない1通の手紙が届いた。そこには，葵ちゃんの思いのこもった優しい言葉が書かれていた。優は，その言葉を胸に次の一歩を踏み出そうとする。

■ **授業構成** ■

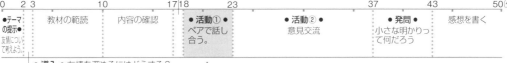

協働的な学び	ペア学習で，主人公が手紙を読んだ時の様子を考えてみる。

■ **本時の授業を中心に見取った評価文の例** ■

　友情について，相手への思いやりが大切なことに気づき，クラスで語り合うなかで，それぞれにあった友情のあり方について深く学んでいました。

協働的な学びの度合い ●●●●●●　　　授業準備度 ●●●●●●

ねらい

　主人公優が，葵ちゃんの手紙を読んだことでどのような気持ちになったかを考えることを通して，悩みや葛藤を乗り越え，互いに励まし合い，高め合いながら，人間関係を深めていこうとする道徳的な心情を養う。

B8［友情，信頼］

準備

・教材（124ページに掲載）生徒数分

授業の実際（1年で実施）

　今日は，「友情」について考えることを伝える。そして，「友情を深めるにはどうすればよいですか」という質問を導入とした。

　生徒からは，「仲良くする」「相手のことを思いやる」「何でも話す」などの反応があった。ここで「どうして」と突っ込むこともできるが，導入なので「なるほど」「そうだね」程度で流していった。

　そして，教材の配付の準備をし，生徒に物語を読む姿勢ができていたので，すぐに教材を配付し範読をした。この教材は登場人物が多くないので，内容はわかりやすい方だと考えるが，生徒が物語に入りやすいように生徒の理解のできるレベルで，ややゆっくり目に読むことにした。

■このお話はどんなお話でしょうか。
■教材をざっくりととらえることから始め，どんなことが書いてあったかを共通理解するための発問である。

　「優ちゃんが葵ちゃんの手紙を読んで変わった」というような発言があった。かなり意訳であるが，道徳の教材としてとらえるならこれで充分である。ここから授業を展開していく。次のようなやりとりをした。

　　T「優ちゃんの悩みってなんだろう」
　　S「学校へ行けないこと」
　　S「友達の優しさに応えられないこと」

　　S「自分に負けてしまうこと」
　　T「優ちゃんは，友達の優しさがうれしいと思っているけど，その思いに応えられないことに苦しんでいるんだね」
　　T「葵ちゃんから手紙きたよね，どうして切手がないの？」
　問いかけられたらすぐに気づく生徒もいた。
　　S「直接もってきてくれたと思います」
　　T「直接もってきてくれるってどう思う」
　　S「ちょっと気持ちが重いかな」
　近頃会っていない葵ちゃんからの切手のない手紙に生徒は関心をもった。
　　T「そして悩んだ結果，封を切ることにしたのですね」
　ここまで内容が整理できたなら，主人公の思いに充分寄り添うことができているだろう。「それでは，今日の授業で一番聞きたいことを言います」と言って次の中心発問をした。

■ 葵ちゃんの短い手紙を読んで，主人公の優ちゃんはどんなことを考えたのでしょうか。
■優ちゃんの緊張感や文字を読んだときの衝撃に気づかせる発問である。

　「まずペアで話し合ってみましょう。そのとき，ちょっと手紙を開いて読む仕草を入れて考えてみるといいと思います」と簡単な役割演技の指示をした。実際に封を切るまねをすることで，そのときの優ちゃんのドキドキ感と，文字を読んだときの衝撃がより体験的に伝わるのではないかと考えた。この役割演技の後に，ペアで話したときの気持ちも考えさせながら発表させた。

　　S「うれしかったと思う」
　　T「どんなところがうれしかった」
　　S「手紙というところ」
　　T「なるほど手紙っていいよね」
　　S「大好きって書いてくれたこと」
　　T「どうしてそう思ったのかな」
　　S「なぜか，わからないけど安心できそう」
　　T「どうして安心できそうなのかな」
　　S「んー。いつまでも私のことを思ってくれているんだと思えるように感じる」
　　T「なるほどね」

S「がんばろうという気持ちになった」

T「どうしてなったのかな」

S「会わなくてもずっと気にしてくれているような気がしてうれしかったから」

T「友達と会うことも大切じゃないの?」

S「それも，大切だけど，なんか，葵ちゃんのさりげなさがとても心に響いたと思う」

T「さりげなさ，なるほどね。さりげなさってどう思うかな」

S「相手にプレッシャーをかけていないのでいいと思う」

T「プレッシャーをかけない接し方ってどう思うかな」

S「あせらなくてすむので安心できると思う……」

このような具合で，発問を重ねていき，追発問をすることで，生徒の新たな価値への気づきを誘っていった。もちろん，指名した生徒だけに問いかけているのではない。追発問は，クラスのなかで全体化されていく。その課程のなかで，自分の生き方を問い，考えを深めていくのである。

❸ ㊙ 優ちゃんの心に灯った小さな明かりってなんだろう。

■終末へ導く発問である。

「希望」「勇気」

「元気」「未来」

明かりには，肯定的なイメージを思い浮かべる生徒が多い。この優ちゃんと葵ちゃんとの関係には明るい未来を想像できるのではないだろうか。

この教材は，最終的に優ちゃんがどうなったかは書かれていない。そこは文章から想像するしかない。でも，心の変化があったことはおそらく生徒も感じ取ることができるだろう。温かい雰囲気での終末としたい。

●班活動…ホワイトボードをつかっての活動について

中心発問で，意見交流をする際に，班活動をおこなって，ホワイトボードに意見を書いて，黒板に貼るという展開をさまざまな授業

でみる。確かに班という小さい単位のなかでなら，意見も活発となり，生徒たちも発表しやすいように思える。しかし，私はこの活動については，道徳の授業ではある程度，考慮に入れておくべき点があると考えている。それは，班のなかで少数意見が消されていないかということである。班活動の場合，どうしても中心的な生徒がイニシアチブをとって活動をすすめる。その際，自分の意見が班の意見になってしまっていないかが，気になるのである。そして，もう一つは，黒板にホワイトボードが貼られた段階で授業が終わる傾向を感じることである。確かに生徒の意見が黒板上で紹介されていれば，見栄えはよい。しかし，私の考えでは，この段階はまだ，思考の始まりではないかと思えるのである。本当に深く考えていくためには，生徒が考えていないところまで問いかけ，そのことにより自分の内面に迫り，さらに深い答えを探そうとするまさにその過程にあると考える。よって，ホワイトボードを貼ったあと，生徒の意見を膨らませていくだけの充分な時間が確保されているのか，またその意図があるのかが，大切に思える。

●留意点…不登校生徒を扱う教材として

本教材では不登校の生徒を主人公にしている。不登校の生徒のおかれている事情はさまざまであり，本教材で登場した優ちゃんはその一例にすぎない。本教材が，各学級の当該生徒を傷つける可能性があるのなら，教材の使用は充分に注意し配慮する必要がある。事前に当該生徒に資料の内容を話しておくことが必要な時もあるだろう。保護者の同意があった方がいい時もあるだろう。道徳の授業をして悲しむ生徒が出てくることは絶対に避けたい。使用にいたっては，担任の先生の学級での生徒との関わりのなかで考えてもらえればよいと思う。

教材 「切手のない手紙」

「学校に行かなくなってどれくらい経っただろう」

私は，自分の部屋の窓からまだ明るい空をぼんやり眺めていた。

学校から足がだんだん遠ざかってしまったのは，小学校4年生のころだっただろうか。今ではなぜそんなふうに思うようになったのかはっきり覚えていない。勉強がわからなかったからだろうか。それとも友達との関係がうまくいってなかったからだろうか。何となく独りでいることの方が楽な気分になれるような気になっていた。

学校へは行きたいと思っている。これは本当の気持ち。でも，なかなか最初の一歩が踏み出せないでいる。今でも話のできる友達がいないわけじゃない。不安な気持ちはあるけど，心の中では「大丈夫」と何度も言い聞かせてみる。でも，その気持ちはなかなか長続きしない。

昨日も，小学校の時の友達からラインがあった。

「優ちゃん，元気にしてる？学校でこんなことあったよ」

「最近，こんなことがはやっているよ」

「また，一緒に遊ぼうね」

友達は私のためにいろいろなことを教えてくれる。とってもやさしい友達だと思う。私もみんなと会話ができてうれしい。うれしいのだけれど，みんなの話している内容が私には遠い話のように思えて，ふっとつらくなる。みんなを悲しませてはいけないと思うので，精一杯，返事を打つ。

定期的に私の家に来てくれる友達もいる。同じ小学校出身で，今，同じクラスの友達だ。毎回，学校のプリントを持ってきてくれる。そして，私にやさしく声をかけてくれる。

すごくうれしい。毎回，「ありがとう」って思う。でも，どこかで先生に頼まれて来ているんじゃないかと勘ぐってしまって，せっかくの思いを素直に喜べない私がいる。「なぜ，もっと素直になれないの」と自分に問いかけてしまう。そしてこんなふうに考えてしまう自分が嫌になってしまう。苦しくなってしまう。

自分を変えたいけど，変えられない。そんなモヤモヤがつづくある日の夕方，仕事帰りの母が玄関から大きな声で私を呼んだ。

「優，ポストにお手紙があったよ。あなたあてよ」

手紙，誰だろう。不思議に思いながら，母から手紙を受け取った。手紙の表には「優ちゃんへ」としか書いていない。切手も貼ってない。私はすぐに手紙の裏をみた。

「あ，葵ちゃんからだ」

私はとてもなつかしさを感じた。葵ちゃんは小学校へ毎日一緒に学校へ行った友達だ。何が書かれているか，早く読みたい気持ちもあったが，突然の手紙に不安な気持ちも強くなり，封を切らずに机の上に置いたままで数日がたってしまった。でも葵ちゃんの字をみるたびに，小学校の時の楽しかった思い出がよみがえる。私は「このままではいけない」と思い，思い切って手紙を読むことにした。

「あせらないで，大好きだよ」

手紙に書かれていたのはそれだけだった。でもそれが私にとってすごく安心する言葉だった。葵ちゃんと一緒に過ごした時のことが，今まで以上にあざやかに思い出された。私は，胸が熱くなるのを感じた。そして何かできそうな気持ちがこみ上げてきた。

「葵ちゃん，ありがとう」私は，心の中で何度も言った。何かできそう。何か変えることができそう。明日すぐにとはいかないかもしれないけど，私の心の中に小さな明かりが灯ったような気がした。

葵ちゃんに会いたい。会って話をしたい。だれかにこんなに強く会いたいと思ったことは，今までなかったかもしれない。私は変わることができるかもしれない。

（京都市　藤井裕喜）

感　動	★★☆
驚　き	★★★
新たな知恵	★★☆
振り返り	★☆☆

1年

2年

3年

友情の究極の姿から考える

28. ゲーテとシラーの物語

web
3-28
授業用
パワーポイント

　臨時休校中，生徒は友達同士で会って話し合ったり遊んだりすることができないでいました。「友達ってなんだろう」と，一度は考えたのではと思います。そこで「究極の友情」に触れることで，もう一度自分の友情に対する考えを見直してほしい，そう願って授業を創りました。

 ## ゲーテとシラーの物語　４つのエピソード
（自作教材）

■ 教材の概要 ■

　ドイツの詩人，劇作家，小説家，自然科学者，政治家，法律家であるゲーテと，ドイツの詩・小説・劇作・評論など多方面で活躍した文学者シラーは，共にドイツを代表する文豪であり，共同で作品を発表したり互いに競い合って多くの傑作を残し，ドイツ古典主義文学を確立した。二人の友情は語り続けられ，ドイツ・ワイマールの二人の銅像からはその友情の深さや意味が感じられる。

■ 授業構成 ■

0	10	17	20	28	36	46	50(分)
格言1 格言2	●発問● どう思った?	二人の説明	●発問● どんな 関係?	●教材● 教材の意味づけ	●発問● 友情として 望ましい?	●発問● 自分もそうありたい?	●交流● 投稿した 気持ち?

協働的な学び　思考ツールを共有して語り合いをすすめる。

■ 本時の授業を中心に見取った評価文の例 ■

　休校中のステイ・ホームのため，なかなか友人と会うことができなかった体験を振り返りながら，友人の幸せを心から望めるような関係を築いていきたいという意欲を感じていました。

協働的な学びの度合い ●● • • • •　　授業準備度 ●● • • • •

ねらい

友情としての望ましさや憧憬を検討し交流することを通して，よりよい友情とは何かを考えていこうとする態度を育てる。

B8［友情，信頼］

準備

・ゲーテとシラーの銅像の写真
・教材（128ページに掲載）生徒数分
・ワークシート　生徒数分

授業の実際（3年で実施）

「この格言を知っていますか」と言って，次の文字を板書した。最初，かっこの中は書かず，「何が入るか知っていますか」と問いながら，「友人の愛」と書き込んだ。

> **格言1**
> 空気と光と（友人の愛），これだけ残っていれば気を落とすことはない

どのような意味か尋ねると，「友情はとても大切だということ」と一人の生徒が答えた。「友情に関する格言としては次が有名です」と言って板書した。

> **格言2**
> 友情は，喜びを2倍にし，悲しみを半分にする

どのような意味か尋ねると，「友情はとてもすごいこと」と一人の生徒が答えた。

❶格言からどんなことを思いますか。
■本時のねらいを意識させ授業の方向付けを自然に行う発問である。

少し考えさせた後，ペアトークをさせた。活発に話し合っていたペアから3人に発表を求めた。

・友情は本当に大切だ。

・友情って素晴らしいこと。
・少し大げさな表現だけど，それくらい大事だと言いたいんだと思う。
・そこまですごいものなのか少し疑問に思う。

続いて，二つの格言について説明をした。

「格言1は，ドイツの詩人，劇作家，小説家などであるゲーテのものです。ゲーテはドイツを代表する文豪であり，小説『若きウェルテルの悩み』『ヴィルヘルム・マイスターの修業時代』，叙事詩『ヘルマンとドロテーア』，詩劇『ファウスト』など広い分野で重要な作品を残しています」と説明した。

「格言2は，ドイツの詩・小説・劇作など多方面で活躍したドイツの有名な文学者シラーによるものです。『群盗』『ヴィルヘルム・テル』が代表作です」と説明した。ピンとこない表情の生徒が多かったので，「ベートーベン交響曲第9番『合唱』の原詩を作っています」と説明し，そのさびの部分を歌うと，生徒たちは笑いながらも驚いていた。

ゲーテとシラーの銅像の写真のなかの，それぞれの顔を別個にピックアップした2枚の写真を大きく提示し，「さすが，二人とも銅像にもなっていますね」と説明をした。

次にゲーテの写真の下に「1749-1832」と板書した。続けてシラーの写真の下に「1759-1805」と板書した。すると「同世代」という声が出たので，「同世代で同じドイツの文学者でした」と言って，次の問いをした。

❷二人はどんな関係だったと思いますか。
■教材への興味を高める発問である。

二択「①大の仲良し　②仲は良くないがライバルとして競っていた　③仲が悪かった」を挙手で答えさせると，②が多かった。

続けて二人の銅像の写真を大きく提示した。すると二人が手を握り合っている姿に良好さを感じたようであった。

「ゲーテとシラーは固い友情で結ばれていると言われています。そして二人は共同で作品を発表したり互いに競い合って多くの傑作を残し，ドイツ古典主義と呼ばれる文学様式を確立させたと言われています」と説明した。

「ゲーテとシラーの友情を表す４つのエピソードを紹介します」と言って，教材を配付し，４つのエピソードを順に読み上げていった。生徒は興味深く聞いている様子であった。

各エピソードのかぎかっこの中は空けておいた。そして「エピソードの内容をまとめると，どんなことかな」と言って，生徒とのやりとりを生かしながら，書き込んでいった。例えばエピソード１では，「最初から仲が良かったということではなかったようですね」と投げかけると，「途中で悪くなって，そこから持ち直したときの方が本当に仲が良くなる」という説明をする生徒がいたので，「ちょっと長くなるけど，友情は同じような仲の良さで続いているばかりではない，ということかな」と言って，かぎかっこの中に書き込んだ。

ここでワークシートを配付した。ワークシートの中央には，128ページ下段左図のように長方形を２分割した枠を載せている。

❸ 🈸 ４つのエピソードは，友情として望ましいと思えるようなエピソードでしたか。
■自身の「友情観」を分析することを通して，ねらいに向けて考えを深めさせる発問である。

枠の左右に番号を書かせた。ほとんどの生徒が左に入れていったが，多くのエピソードについて右に入れた生徒が数名いた。それらの生徒に発表させた。例を３つ示す。

エピソード１
・価値観がとても重なる人もきっといると思うし，そういう人に出会ったら親友になると思う。

エピソード２
・仕事と友情は別だと思う。

エピソード３
・自分がなさ過ぎ。自立した方がいい。
続けて次の問いをした。

❹ 🈳🈯 ４つのエピソードは，自分もそうありたいと思えるようなエピソードでしたか。
■自身の「友情観」を，先の問いに重ね

て分析することを通して，ねらいに向けて考えをさらに深めさせる発問である。

128ページ下段右図のように，枠に横線を加え，左記の番号をその上か下に動かさせた。多くの生徒が上に入れていったが，下に入れた生徒が数名いた。それらの生徒に発表させた。３つの例を示す。

エピソード１
・色々な人と出会っていきたいから。

エピソード２
・そこまで頼ってしまう友達だと，いなくなったら本当に苦しくなりそう。

エピソード４
・自分は大ざっぱだからこまめに連絡をとり合うのは苦手です。

ここで６人班を作り交流させる。似たものや他の人と違うものについて，本人に説明させたり質問させたりした。

「左上は，友情として問題なしと思っていること，右下は，友情では絶対ないと思っているものでしょうね。ポイントは右上と左下です。『望ましくないのに自分はそうありたい』と，『望ましいのに自分はそうありたくない』という視点で選んだエピソードがあるか，です。そのようなエピソードはありましたか。その人がいたら，班のなかで説明や質問などしてください」と指示をした。

右上の例として，ある班で「エピソード３。そこまで痛手を負うのはどうかと思うけど，そんな友達ができたらすごいと思う」という会話があった。そこで「すごいとはどんなところなの」と尋ねるとその生徒は「その人に疑いの気持ちがないこと」と答えた。周りの生徒に，すごいと思うか聞くとうなずいていた。

また，左下の例としては，「エピソード１。いろいろあっても友情が成り立つのが本当だろうけど，自分としてはトラブルがあると相手に対して引いてしまうから」という会話があった。周りから「優しいね」「遠慮しないでいいよ」という声がかかっていた。

教材 ゲーテとシラーの物語　４つのエピソード（自作教材）

エピソード1 「友情は同じような仲の良さで続いているばかりではない」

　1788年にゲーテとシラーは初めて出会うが，良い友人にはならなかった。シラーの作品『群盗』（1791年）に対してゲーテは反感を持ち，シラーもゲーテに対して反感を持っていた。

　その後1794年の学会で言葉を交わすとゲーテとシラーは互いに認め合い，以後急速に距離を縮めていく。ゲーテはシラーに原稿を寄せたり詩集を共同制作したりした。

エピソード2 「友情は仕事にもとてもよい影響を与えることがある」

　ゲーテはシラーからの叱咤激励を受けながら作品を完成させていった。ゲーテは「シラーと出会っていなかったら，代表的戯曲『ファウスト』は完成していなかっただろう」と振り返っている。

エピソード3 「死別すれば大きな痛手を負う」

　1805年シラーが病気で亡くなると，周囲はゲーテの精神を心配してなかなか伝えられなかったという。ゲーテはシラーが亡くなったことを知り，「自分の存在の半分を失った」と嘆き悲しんだという。

エピソード4 「コミュニケーションをこまめにとる」

　1794年からシラーが没する1805年までの約11年間で交わされた書簡は1000通余りである。

参考資料

- 『ゲーテとシラー　ある友情の歴史』リューディガー・ザフランスキー：著　川島淳夫：訳　IPC出版センター・ビブロス
- 『ゲーテ＝シラー往復書簡（上）』森淑仁・田中亮平・平山令二・伊藤貴雄：著　潮出版社
- 「ライトストーリー　12の光の格言『空気と光と友人の愛、これだけ残っていれば気を落とすことはない』」ALG（建築照明計画株式会社）ホームページ　https://alg.jp/blog/proverbs2016-10/

ワークシートの枠の分割の進め方

			↑自分もそうありたい
←友情として望ましい	望ましくない→	←友情として望ましい	望ましくない→
			↓そうありたくない

⇒

【深い学びのための語りかけ】

　右図の枠の右上に置いたエピソードについては，「なぜ望ましくないのに自分はそうありたいと思ったのか。望ましいという面もあったのではないか」と，ゆさぶってみたい。また，左下に置いたエピソードについては，「自分自身もそうあるようにできないかな。もしかしたらできているんじゃないかな」と，こちらもゆさぶってみたい。

（熊本県　桃﨑剛寿）

1年	
2年	
3年	

互いを理解し合い認め合うことを学ぶ

29. わたしが障害者じゃなくなる日

感　動	★★☆
驚　き	★★☆
新たな知恵	★★☆
振り返り	★★☆

web
3-29
授業用
パワーポイント

　障害者の方からの視点で物事を考えてみると，実はすべての人にとって暮らしやすい社会や学校をつくっていくことが，誰もが暮らしやすくなるということに気づかせたい。違いを認め合い，どうすれば多くの人たちが快適に生きていけるのか。互いの違いを理解し合い，さらに広く社会でも，主体的に行動する態度を育てたいと考え，本授業を創りました。

教材　『わたしが障害者じゃなくなる日』
海老原宏美：著　旬報社

■ 教材の概要 ■

　難病をかかえ，人工呼吸器とともに生きる海老原宏美さんからのメッセージ。人は，ただ地面が盛り上がっただけの山の景色に感動できるのだから，同じ人間である障害者に感動できないはずがない。必ずそこに価値を見出せるはず，と考える著者が，障害とは，人間の価値とは，を問いかけてくる教材である。

■ 授業構成 ■

0	5	10	15	18	20	27	30	38	40	42	45	50(分)
●発問● ケーキを平等に分けるには？	●説明● 筆者の考える「平等」とは？	●発問● 妊婦さんなどの共通点は？	教材1	●説明●筆者について	●発問● 駅員に驚いたことは？	教材2	●発問● 障害をなくすには？	教材3	教材4	感想		動画

> **協働的な学び**　難易度の高い問いを班で考える。

■ 本時の授業を中心に見取った評価文の例 ■

　教材を自分と重ね合わせて考える姿勢が素晴らしいです。特に海老原宏美さんの生き方から学んだ授業では，家庭で何かを兄弟で分けるときに，同じように分けようとしていた自分の態度に疑問を感じるようになったと考えていました。

協働的な学びの度合い ●●●●●　　授業準備度 ●●●●●

海老原宏美さんの生き方から，互いの良さを見つめ直し，自分とは違う価値観や生き方を認め合う態度を育てる。

C11［公正，公平，社会正義］

準備

・ホールケーキ・妊婦さん・小さな子・外国人の写真やイラスト
・教材1・教材2（132ページに掲載）生徒数分
・教材3（131ページに掲載）生徒数分
・ワークシート　生徒数分

授業の実際（2年で実施）

ホールケーキのイラストを見せ，「班のメンバーで，ホールケーキを分け合うことになりました」と言って最初の問いをした。

1 どのように分けたら「平等」だと思いますか。

■個々の違いと，個性について考えるきっかけになる発問である。また，単なる「同率同数」だけが，「平等」にはならない場合があることに気づかせる発問でもある。

同じケーキのイラストを印刷してあるワークシートを配付し個人で案を考えさせた。
・平等だから，6人班だから，6等分。
・適当に分けて，後はじゃんけん。
・せーので，好きなのを選ぶ。

さまざまな意見が発表された。班ごとに考えを発表させ，楽しい雰囲気を作る。

その後，「海老原さんという方の考えを紹介します」と言い，次のように説明した。

「訪問先のスウェーデンでホールケーキが出たので，当然人数分に切り分けるものだと思ったが，どれくらい食べるかと聞かれます。その人がどれくらい食べたいか，それにかなう量が平等だと言われます。同じものを，同じだけ分けることが平等だと思っていたがま

ちがっていた，とあたりまえだと思っていたことを，もっとよく考えようよと言われた気がしたそうです」と最初の説明をした。

続けて，「同じにしておけば文句は言われないだろう，とか，同じだけ分けといたからね，はい終わりという『平等』だったら，考えることがそこで止まっていないだろうか。平等とは，その人が必要としている分がちゃんと与えられることで，その人にとって必要な環境がしっかり整えられることだと海老原さんは思っています」とスライドを提示しながら説明していった。

以上は『わたしが障害者じゃなくなる日』の100～104ページに記されている内容をまとめたものである。生徒たちは，各自「必要な分をもらうことが平等」であるという筆者の「平等」に対する考えを知った。

次に，スクリーンには「おなかの大きな妊婦さん」「よちよち歩きの小さな子」「外国人」のイメージが伝わる写真やイラストを提示した。

2 「おなかの大きな妊婦さん」「よちよち歩きの小さな子」「言葉の通じない外国人」に共通していることは何でしょうか。

■障害とは何かについて考えさせる発問である。

生徒たちは，自分の考えを発表した。
・誰かの世話が必要な人たち。
・一人では，困ってしまう人たち。
・一人で生活するのに不便な人たち。
・危険なことにあいそうな人たち。
・誰かが，守らないといけない人たち。

「海老原さんはこう考えています」と言って，教材1を配付し，範読した。筆者の「障害」に対する広い考え方を知ると，驚いた表情をしていた。ここで，この教材の筆者について説明した。筆者の写真をスライドで提示した。

筆者，海老原宏美さんは，1977年神奈川県出身。1歳半で，脊髄性筋萎縮症（SMA）と診断され，3歳までの命と告げられる。しかし，その後車いす

を使い，地域の小学校，中学校，高等学校に通う。その後，大学進学。自力での呼吸が難しくなり，人工呼吸器を使って生活。現在，「自立生活センター東大和」（東京都）の理事長。2016年度，東京都女性活躍推進大賞受賞。

　生徒たちは，この教材の筆者が重度の障害がある方であることを知る。

　「筆者の海老原さんは，高校生のときに，障害者のイベントに参加するため，生まれて初めて，一人旅をします。ある駅員さんに『ここに行きたいので，手伝ってください』と声をかけました。そのとき，駅員さんのある行動に海老原さんは，衝撃を受けたそうです」と言って，次の問いをした。

❸この駅員さんは，どんなことを海老原さんにしたと思いますか。
■障害者への思いをはせる発問である。

　自由に考えさせ，生徒数名を指名し答えさせた。生徒の考えを，すべて板書した。
　・車いすをホームまで運んでくれた。
　・挨拶してくれた。
　・どうしましたか?ときいてくれた。
　・何かお困りですか?と声をかけてくれた。
　教材2を配付し，範読した。海老原さんが衝撃を受けたことが「駅員さんが目を見て答えてくれたこと」だと知り，自分を一人の人間として認識してもらえたことに衝撃を受けたという海老原さんの気持ちを説明した。

❹ 🔵🟣 海老原さんは，「障害はなくせる」と言っています。どうすればなくせるのだと思いますか。
■障害について，自分事にさせる本授業の主たる発問である。

　まずは，個人で考えさせた。しかし，これは難しい発問だった。生徒は，考えあぐねていた。
　そこで，「障害とは何か，ですね。この授業で海老原さんの『平等』についての考え方を知りました。そして，『おなかの大きな妊婦さん』や『よちよち歩きの小さな子』『言葉の通じない外国人』も，海老原さんの考え

では『障害者』でしたね。そういう人たちが困らないようにするにはどうしたらよいでしょうか」と助言し，その後，班（4〜6人）になって話し合わせると，次のような意見が生徒から出た。
　・みんなで声をかけ合う。
　・障害について学ぶ。
　・障害に対する考えを変える。
　・平等について，考える。
　・誰もが障害者だという意識で，考え直す。
　ここで海老原さんの，障害に対する2つの考えを次のスライドで提示した。

> ①古い障害の考えかた【個人モデル】
> 　階段しかない建物に入れないのは，あなたが車いすに乗っているせいです。
> ②新しい障害の考えかた【社会モデル】
> 　車いすの人が入れないのは，階段しかないこの建物のせいです。
> （前掲書p.16〜19より）

　すると生徒から「社会のせいなんだ」という声があがった。
　さらに，海老原さんの「障害はなくせるのか」に対する以下の考えを教材3として配付する。同時に，スライドでも提示する。

> ●教材3
> 　障害をなくすには，その人ががんばって解決するのではなく，社会全体を変えていくことがだいじです。社会の仕組みを調整し，だれかに不便なものが不便じゃなくなるようにしていくのです。
> （前掲書p.23より）

　最後に，動画サイトで海老原さんの動画を視聴した。本授業の教材は，小中学生用に書かれたもので，わかりやすい文章だったが，動画は大人向けであった。しかし，生徒たちはリアルな海老原さんの様子を静かに見つめていた。
　静かな雰囲気のなか，生徒たちは，授業を振り返り，ワークシートに感想などを書いていた。授業者の説話を付け加えることなく，授業を終えた。

教材 『わたしが障害者じゃなくなる日』海老原宏美：著　旬報社

教材1

　障害者って，特別な人だと思っていませんか？

　障害者は，車いすの人や目の見えない人，耳の聞こえない人だけではありません。

　たとえば，おなかの大きな妊婦さん。ベビーカーを押しているお母さん。つえをついているお年寄り。よちよち歩きの小さな子ども。日本に来たばかりで言葉の通じない外国人。

　この人たちに共通するのは，生活するときに困ったり，不便だったり，危険を感じたりしていること。社会モデルの考えかたでは，みんなが障害者です。

　たとえば，メガネのキミ。メガネをわすれたら，いろいろなものが見えにくくなるよね。それも障害です。社会の中で生活していて，これは使いにくいなとか，これはやりにくいなと思うことがあったら，それはぜんぶ障害なのです。

　そう考えると，だれもが障害者に近いと思いませんか？　　　　　　　(p.22〜23より)

教材2

　自分から「どこかへいこう」とか「なにかをしよう」と思ったこともありません。

　いきたいのにがまんしていたというわけではなく，それが自然なことだったのです。

　そんなわたしの，人生初の一人旅です。

　近くの駅までは家族に車で送ってもらいましたが，一人で切符を買うことも初めて。

　きっぷ売り場で「どこまでいくんだっけ?」とキョロキョロしてしまいました。

　いつも親まかせだったから，鉄道の「上り」「下り」も知らないし，快速や特急などいろいろなタイプの電車があることも知りませんでした。

　衝撃をうけたのは，駅員さんに「ここにいきたいので手伝ってください」と言うと，駅員さんがわたしの目を見て答えてくれたことです。そんなのあたりまえだと思うかもしれませんね。でも，本当にびっくりしました。

　それまでは必ず親がいたので，駅員さんは親に向かって話しかけ，わたしはいないような扱いでした。それをおかしいとも思っていなかったのです。

　駅員さんと初めて目を見て話をしたことで，今まではこちらを見てくれていなかったということに気づきました。

　わたしは今，社会とつながった。もう，今までのわたしとはちがうんだ！はっきりと感じた旅の始まりでした。　　　　　　　　　　　　　　　　　(p.48〜49より)

活用した動画サイト

「私はあきらめない」重度障害のある海老原宏美さんが思うこと
朝日新聞社チャンネル
https://www.youtube.com/watch?v=zcow6K1uINo

（東京都　合田淳郎）

1年
2年
3年

親子の望ましい関係づくり

30. 親子のすれ違い

感　動	★☆☆
驚　き	★★☆
新たな知恵	★★☆
振り返り	★★★

web
3-30
授業用
パワーポイント

　コロナ禍のなか，家庭での自粛生活が続きました。今は子どもの反抗心や反発心は小さくなっていると言われますが，それでも家庭内ではさまざまな問題が表出しました。その葛藤のなかに生きている今の中学生にとって考えやすい教材はないか。そう考えてこの授業を創りました。

教材 『**かあちゃん取扱説明書**』
いとうみく：作　佐藤真紀子：絵　童心社

■ 教材の概要 ■

　主人公は小学4年生の田村哲哉くん（てっちゃん）。お母さんにいつも怒られる毎日を変えるために「かあちゃん取扱説明書」をつくり，かあちゃんを思い通り動かして，怒られないようにしようというストーリーです。
　今回は，友達のカズの親子関係を見てのてっちゃんの思いが描かれているシーンを中心に扱います。

■ 授業構成 ■

0　　　3　　5　　　　10　12　　　　17　　20　　　　　28　　　　　　　　　　　45　　　50(分)
●説明● 母親からの相談、教材説明 / 教材1 / ●発問● カズと母の思い？ / 教材2 / ●発問● てっちゃんの思い？ / 教材3 / ●発問● てっちゃんが考えたこと？ / ●発問● 母親からの相談の答えを考える / ●指示● 他の班の発表を参考にして修正

[協働的な学び] 班のなかで意見交換やベストアンサーを検討する。

■ 本時の授業を中心に見取った評価文の例 ■

　いつも教材の登場人物に自分を重ねて考えることができました。特に「親子のすれ違い」の授業では，今はないけれどつい最近まであったと自分を客観視して考え，自分が親になったときのことまで考えていました。

協働的な学びの度合い ●●●◌◌◌　　授業準備度 ●●●◌◌◌

ねらい

家族の思いを受け止め，互いに理解することを通してよりよい家族関係を築いていこうとする態度を育てる。

C14 ［家族愛，家庭生活の充実］

準備

・『かあちゃん取扱説明書』
・ワークシート（136ページに掲載）提示用

授業の実際（2年で実施）

「私の友達に，中学1年の男子生徒を子どもに持つ母親がいます。彼女から次のような相談を受けました。『このごろ，子どもが何も話してくれない。何を言っても否定され，言うことを聞いてくれない。私って，何のために存在しているのかな……』。どのような言葉を返信したらよいでしょう」と問いかけた。この問いかけは最後に問うので，ここでは軽く，隣同士で少し話をさせる程度におさめた。

「今日はこの本『かあちゃん取扱説明書』の1シーンから授業をします。主人公は小学4年生のてっちゃん。てっちゃんからすると，てっちゃんのお母さんは自分勝手な人で，てっちゃんはお母さんに何でもやり込められてしまいます。逆にどうにかやり込めたいと思っていて，お母さんの取扱説明書たるものを作っているというお話です。そんなてっちゃんには友達のカズがいます。てっちゃんにとってカズのお母さんは理想の母親像のようです。そのシーンを教材にしました」と説明した。

同書100ページの12行目から105ページの5行目までを範読し，そのポイントをわかりやすくまとめたものを，次のように提示した。

・カズがとても母親っ子だったこと。
・しかしカズの母は今も変わらず，カズにべったりなこと。
・授業参観に来たカズのお母さんは，

ぞうきんを渡そうとカズを探すためカズの友達に「カズを探してほしい」と頼んだこと。
・カズは世話を焼きたがる母のことを嫌に思っていること。

■ 「カズ」と「お母さん」。二人のそれぞれの思いはどのようなものでしょう。

■二人の心情を考えさせ，特にカズの気持ちへの共感を導く発問である。

【カズ】
・いちいちめんどう。
・思いやりはありがたいけど，でも……。

【お母さん】
・困っていたらカズはかわいそう。
・カズが嫌な思いをしているのではないか。

次に，カズのお母さんがカズに白いぞうきんを渡すが，カズはそのぞうきんを捨ててしまうシーン，105ページの6行目から106ページの4行目までを範読し，以下を大きく提示した。

手にしたまっ白なぞうきんをカズはジッと見つめて，それからゴミ箱のなかに投げいれた。 （前掲書p.106, 3〜4行目より）

そして次の問いをした。

■ このときの，てっちゃんの思いはどのようなものでしょうか。

■カズの気持ちに共感した上で，せっかく持ってきてくれたぞうきんを捨ててしまうカズの判断の是非を問う発問である。

挙手発表をさせた。次のような発表がなされた。

・お母さんが持ってきてくれたのにひどい。
・カズはとりあえずもらっておけばいいのに。
・自分もかあちゃんにひどいことをしていたかも。

次に，106ページの5行目から107ページの最後までを範読し，このときのてっちゃんの思いが表されていることを確認した。

「予想が近かった人はいますか」とたずね

ると半分くらいの生徒が挙手をした。

さらに最後の文章を大きく提示した。

> ひろいあげたまっ白なぞうきんを見て，
> 奥歯をぐっとかみしめてた。
>
> （前掲書p.107，7行目より）

そして次の問いをした。

❸ 🗨 奥歯をぐっとかみしめた「ぼく」は，何を考えたのでしょうか。

■カズの苦悩に深く共感させるための発問であり，続く指示である。

4人グループで話し合いをさせたあと，意図的に指名していき，次のような4つの意見のやりとりが発表された。

A班

「かあちゃんを悪く言ってたてっちゃんは自分のことが嫌になったんじゃないか」「親の思いを理解しようと思えるようになったんじゃないかな」

B班

「てっちゃんはかあちゃんの思いを受け入れようと思った」「互いに尊重し合うことが大切であると気づいたといえる」

C班

「かあちゃんの気持ちを考えていなかったことに気づいた」「かあちゃんときちんと話し合うのではないか。自分の気持ちを伝える。かあちゃんの話をきちんと聞く」

D班

「自分もかあちゃんにひどいことをしていたのではないかと思っててっちゃんは悲しくなった」「変わろうとするのではないか。嫌だと思うことも，かあちゃんの思いやりだったということに気づいたから」「いや，そう簡単に変わらない。そうは言っても，頭ではわかっていてもつい。でも，変われないことは悲しいよね」

「授業の初めに，悩んでいるお母さんの相談のことを紹介しましたね」と言って，もう一度提示し，次の問いをした。

❹ 🗨 この中学1年の男子生徒の母親

がインターネットの掲示板に投稿しました。アンサーを考えよう。

■一般化して，中学生にあった親子のあり方を考えさせる発問である。

個人で3分間考えさせたあと，8つの4人班を作り，班内で互いに説明させた。その後，班内のベストアンサーを選出させた。

そのベストアンサーをミニホワイトボードに書かせて黒板に貼らせた。

【A班】あまりいろいろ聞きすぎないで，タイミングや子どもの状況を考えて聞くとよいと思います。

【B班】子どもが何を望んでいるか，直接話してみるといいと思います。

【C班】【G班】大人になる前の反抗期というやつです。心配しないでいいですよ！

【D班】あなたが子どものときもそういう時期があったのではないですか。寂しいかもしれませんが誰でもそういう経験をします。

【E班】親子だからあまり遠慮しないで，思いをぶつけてみたらどうでしょうか。

【F班】【H班】子どもが好きな話から入ったらどうでしょう。好きな話ならば子どもも乗ってくるのでは。

これらの掲示を見せて次の問いをした。

❺ 🗨 各班で考えたベストアンサーを参考にして，自分が考えた答えを修正や加筆するところはありますか。

■最初の考えとそれぞれのベストアンサーを比較することで多面的多角的な見方を高める発問である。

「赤ペンだけを使って修正や加筆をしてください。大幅に変えてもかまいません」と指示をした。先の4人グループで自分の添削を説明させ合って授業を終えた。

次のような修正・加筆をしている生徒がいた。

> 「直接話せ~~ば~~よい」
> 　すだけでなく話を聞くと

ワークシート

回答受付中の質問

 mo********

　私の友達に，中学1年の男子生徒を子どもに持つ母親がいます。彼女から次のような相談を受けました。『このごろ，子どもが何も話してくれない。何を言っても否定され，言うことを聞いてくれない。私って，何のために存在しているのかな……』。どのような言葉を返信したらよいでしょう。

ベストアンサーに選ばれた回答

 ar********

（栃木県　馬場真澄）

感　動	★★☆
驚　き	★★☆
新たな知恵	★★☆
振り返り	★★☆

1年

2年

3年

「逆開発」なる発想とは

31. 開発と「逆開発」

web
3-31
授業用
パワーポイント

　コロナ禍の自粛のなか，修学旅行先は都道府県内であったり，家族旅行も近場を利用したりするなど，「遠くへ遠くへ」の傾向から「近場へ近場へ」の傾向が見られました。子どもたちには郷土のよさを考える機会となったことと思います。そこで郷土について中学生が本気になって考える授業があればと考え，この授業を創りました。

教材 「逆開発～アスファルトの駅前を森に戻す
ローカル線，復活の物語」
日経ビジネス電子版　2017年6月1日付

■ 教材の概要 ■

　小湊鐵道は大正6年に創立された千葉県のローカル線であり，古い列車や駅舎を使い続けて静かな人気を集めている。
　駅周辺を開発するのでなく「逆開発」することで森林に戻すという発想はメディアにも注目された。便利さを求める傾向にある中学生にとって，開発のもつ意味を深く考えさせることができる教材である。

■ 授業構成 ■

協働的な学び　4人班で話し合い，代表が発表する。

■ 本時の授業を中心に見取った評価文の例 ■

　自分の生活や行動に生かせないか，ヒントを道徳の授業から見出していました。「逆開発」について考える授業では，町づくりのイベントに参加するだけでなく企画まで考えるようになりたいと考えていました。

協働的な学びの度合い ●●○○○○　授業準備度 ●●●○○○

ねらい

開発の意味を考えることを通して，郷土の良さに目を向け，自ら行動することの素晴らしさに気づき，郷土のために行動しようとする心情を育てる。

C16［郷土の伝統と文化の尊重，郷土を愛する態度］

準備

・教材1（140ページに掲載）提示用
・教材2・教材3（140ページに掲載）生徒数分
・日経ビジネスチャンネルの動画（5分）
・ワークシート　生徒数分

授業の実際（3年で実施）

「コロナ禍のなか，家族旅行は遠出せず，行き先に近場で道内を選ぶことが多いのではないでしょうか。その過程で郷土のことをいろいろ考えることがあると思います」と言って，"郷土"と板書した。その少し下に"開発"と板書し，「開発とは，生活に役立つようにすること，実用化すること，知識を開き導くことの意味があります」と説明し，最初の問いを出した。

1 「駅前再開発」と聞いて，どんなことを思い浮かべますか。

■教材への興味を高める発問である。

札幌駅の再開発のことを言う生徒がいた。そこで，「新幹線の延伸に伴って札幌駅の南口が再開発されますね。計画ではホテルやオフィス，商業施設，バスターミナルなどからなる複合施設が想定されています」と説明をした。身近な開発について意識させたところで次の問いを出した。

2 自分の住む街が開発されるのはうれしいことですか。

■便利になる開発はうれしいことだという認識を皆がもっていることを確認する発問である。

うれしいと答えた生徒がほとんどだった。

挙手しなかった二人の生徒は「これ以上便利さは求めない」「今のままがよい」と理由を述べた。一方で，「土地代が高くなるからうれしいのでは」と言う生徒もいた。

「便利さもあるけど，今のよさもいろいろありますよね」と，視野を広げたところで，「逆開発」と大きめに板書した。生徒はなんだろうという表情をしていた。

3 「駅前逆開発」とはどんなことだと思いますか。

■知的好奇心に訴え，思考する意欲を高める発問である。

近くの生徒同士で話し合わせた後，挙手させて発表させた。さまざまな意見が出た。

・駅前に新たに建物を造らないのでは。
・造らないだけでなく，現状維持でもなく，何かが不便になること。
・バスの便数を減らすなど，交通の便をわざと悪くして自然を増やすこと。
・ひと昔前の駅周辺のように，レトロな雰囲気にすること。
・予算をかけないでよいように，シンプルなつくりの開発をすること。

「たくさんのおもしろい考えが出ましたね。これらはどれも素晴らしい意見です。さて，実際に『駅前逆開発』ということをした駅があります。千葉県にある小湊鐵道の養老渓谷駅です。その前に次のような看板が置かれているのです」と言って，教材1を提示し，「逆開発」の概要を説明した。

> ・駅前のアスファルトをショベルカーが剥がしていく。
> ・小湊鐵道の社員が土地をならし，木や花を植える。
> ・駅舎の前にあったバス停は，離れた街道沿いに移設され利便性は犠牲になった。

これらを知って生徒は驚いていた。続けて問うた。

4 なぜそのような「逆開発」をしたのでしょう。

■教材のもつ道徳的価値により共感するように、あらかじめその意味を考えさせる発問である。

隣同士で話し合わせた。

・人が集まる駅にすることをあきらめた。

・逆に珍しいので、集客できると思った。

・「森の中の駅」を作ろうとしたのでは。

・話題集め。これしか思いつかない。

意見が出尽くしたところで、「戦後、駅周辺の観光資源が脚光を浴び、開発が進められてきましたが、今や人影がめっきり減って、アスファルトとコンクリートの殺伐とした風景が残りました。しかし、駅から少し歩けば、豊かな自然が姿を現します。絶景スポットだが、観光客は見当たらない。駅と自然との間を、アスファルトが遮断しているのです。それなら、養老渓谷が駅前に進出した方がいいという社長の考えで行われました」と説明した。

さらに「『逆開発』を始めて１カ月後、木々が成長を始め、駅前の風景は大きく変わり、鉄道でやってくる人だけでなく、車で通りかかった人も駅前に集まってくるようになったのです」と説明を加えた。

「鉄道会社の社長がそのような考え方ができるようになったのは、２代前の社長だった祖父・石川信太さんの経営に寄るところが大きいそうです。石川信太さんは社長、会長を務めた一方で、画家としても知られています。2000点を超える絵画を遺しましたが、その多くは里山の風景だったそうです」と説明した。教材２を配付し範読した。

【教材２の概要】

　現社長が大学卒業後に千葉銀行に勤務していた時に、銀行で再開発事業を手がけていることを話した。祖父から「君がやっていることは破壊だよ。開発じゃねえよ」と言われる。

次の問いをした。

5 深 対 「君がやっていることは破壊だよ。開発じゃねえよ」と言った祖父の真意はなんだと思いますか。

■郷土にとって大切なことを深く考えさせる発問である。

４人班で話し合わせた。今の「逆開発」がヒントになるので、思いのほか考えやすそうで、深く考えて話し合うことができた。

・自然環境の良さを壊す面があるから。

・便利になったら、せかせかしてしまい、逆に失ってしまうこともあるから。

・自然の形を変えてしまうから。

・風景が変わってしまうから。

・外から完成したものをただ押しつけているから。

その一つの答えにもなる、教材３を配付し範読した。そして、先に板書した"開発"の文字の下に、「自分を気づかせること」と板書を加えた。また、"逆開発"の文字の下に、「開発そのもの」と板書を加えた。

ここで小湊鐵道の取り組みを紹介する動画を５分間視聴させた。ここまでの教材の概要が理解でき、駅周辺の風景を見ることで、携わった人たちの思いがよりイメージ化できた。

6 主 あなたなら、郷土を大切にするということを、どのような形で実現できそうですか。

■自分のことを振り返って考えさせる発問である。ワークシートに書かせていった。

・町づくりのイベントがあるので積極的に参加する。

・将来は町内会の仕事に取り組んだりして町のことを知ること。

・地域の季節の行事に参加する。

7 それを見て、石川信太さんはどんな言葉をかけてくれると思いますか。

■教材への興味を高める発問である。

上の問いで答えた生徒は次のようにワークシートに書いていた。

・参加するだけじゃなくて、企画まで関われ。

・将来だけじゃなくて、今関われ。今だよ、今！

・友達も連れて行きなさい。

教材　教材1　小湊鐵道の養老渓谷駅前の看板

逆開発 はじめました。
今から5,000年以上前、この辺りでは縄文人が自然との共同生活をはじめました。
養老川の大いなる恵み、雑木からの食料確保、燃料（火）としても活用していたことでしょう。
われわれ現代人は進化したのでしょうか？
自然との共存なしに、これからの生活は成り立つのでしょうか？
こたえは「逆開発」の先にある！のかも……。
今から10年、木を植え花の種をまき、ここ養老渓谷駅前は樹木が茂る森になります。
トリが歌い、チョウが舞い、ヒトが集う……。まずは、はじめてみました。
SATOYAMAは懐かしい未来です。

教材2　「それは開発じゃない、破壊だ」

　「私は、失われる運命にあるものを現存する時にキャンバスに残したい思いに駆られて、スケッチに出かけるのかも知れない」（『石川信太自伝』）
　そして、「絵を描くことと、会社の経営とは、その考え方に、共通するところがある」とも綴っている。信太はスケッチ旅行に出かけ、風景を前にして、指で正方形を作りながら、どう区切り、解釈して一枚のキャンバスに納めて作品にするか思案した。それは、意見やデータ、将来予測を鑑みて決断する会社経営に通じるという。
　だから、信太は小さな駅舎を建て替えることもせず、窓枠をサッシにすることも許さなかった。列車も40〜50年前のものを使い続けている。
　石川は、そうした祖父の経営哲学を、初めは理解できなかった。大学卒業後に千葉銀行に勤務していた時のこと。祖父と食事をしていると、こう聞かれた。
　「お前、どういう仕事をやっているんだ」
　家の中でも威厳を放つ祖父は、気安く口をきけない相手だった。ここぞとばかりに、銀行で再開発事業を手がけていることを話した。すると、思いがけない言葉が飛んできた。
　「君がやっていることは破壊だ。開発じゃねえよ」
　返す言葉がなく沈黙した。祖父の深意は分からなかった。「開発と破壊」。その言葉だけが脳裏に刻まれた。

「日経ビジネス」電子版2017年6月1日付より、p.3_5〜23行目「それは開発じゃない、破壊だ」を抜粋
https://business.nikkei.com/atcl/report/16/053000139/053000002/?P=3

教材3　自らの潜在力を発見する

　「開発という字は『かいほつ』という禅の言葉で、自分を気付かせることを言う」。養老渓谷駅に近い宝林寺住職の千葉公慈は、人と人が交錯することで、互いに自分の潜在力に気づくという。地域社会も、来訪者が来ることで、その地が秘めている能力や可能性を発見し、伸ばすことができる。
　「だから、小湊鐵道は『逆開発』と言っているが、実は開発そのものなんです」
　自分たちの良さはどこにあるのか——。少しずつ、来訪者と地域の間にある障害物を取り払い、ゆっくりと交錯する時間と空間を作ってきた。列車のスピードを半分以下に落とし、窓を取り払い、アスファルトを剥がしていく。
　そして地域の潜在力を引き出す道が、はっきりと見え始めている。会社の未来も、その先に重なっている。

「日経ビジネス」電子版2017年6月1日付より、p.4_19〜29行目「自らの潜在力を発見する」を抜粋
https://business.nikkei.com/atcl/report/16/053000139/053000002/?P=4Z

活用した動画サイト

「v201705 小湊鉄道」日経ビジネス
https://www.youtube.com/watch?v=KJD82m9VLqE&t=5s

（北海道　山下　幸）

世界の平和を祈る

32. Zoo is … .

感　動	★★★
驚　き	★☆☆
新たな知恵	★★★
振り返り	★☆☆

web
3-32
授業用
パワーポイント

　コロナ禍のなかで国際社会の協力関係はどうだったでしょうか。マスクが不足した時期や，ワクチンの製造・接種開始の際に，ややもすると自国第一主義・保護主義的な発想が生まれやすいのかもしれません。この時期だからこそ，平和とは何かしっかり考えさせたいと願いこの授業を創りました。

教材 　『**かわいそうなぞう**』

つちやゆきお：文　たけべもといちろう：絵　金の星社

『**さよならジャンボ**』

やなせたかし：文・絵　フレーベル館

■ 教材の概要 ■

　戦争中，上野動物園で3頭のゾウが殺される悲しい出来事がありました。この出来事をもとに描かれた名作絵本『かわいそうなぞう』。戦争を始めた両大国にはさまれた小国を，ゾウのジャンボとゾウ使いの活躍によって，戦争の犠牲から守っていく心温まる絵本『さよならジャンボ』。対照的なラストの描写を問いに結びつけました。

■ 授業構成 ■

0	2	4		9		16	19		23		27	30		38		50(分)
	説明	絵本1	●発問● 猛獣処分の理由 とは？		教材1	俳句と 英語		●発問● かっこ の中の 言葉？		教材2	絵本2		●発問● なぜハッピーエンドに？		

●発問● 当てはまる言葉は？

協働的な学び　6人班でワークシートをローテーション読み＆コメント，交流。

■ 本時の授業を中心に見取った評価文の例 ■

　いつも多面的多角的に考える姿勢がありました。特に「Zoo is … .」の授業では，やなせさんの意図を色々な角度で考え，友達のさまざまな意見に学ぶ姿を見せていました。

協働的な学びの度合い ●●●●●●●　　授業準備度 ●●●●●

ねらい

　動物園で起こった悲劇や，やなせたかしさんが絵本に込めた想いを通して，世界の平和を心から希求する態度を育てる。

C18〔国際理解，国際貢献〕

準備

・『かわいそうなぞう』
・『さよならジャンボ』
・教材1・教材2（144ページに掲載）　生徒数分
・ワークシート　生徒数分

授業の実際（3年で実施）

　絵本『かわいそうなぞう』の表紙を，「かわいそうな」の部分を隠して提示し，最初の問いをした。

❶ここに当てはまる言葉はなんでしょう。また，なぜその言葉なのか知っていますか。

■教材への興味を高める発問である。

　挙手した生徒を指名して発表させると「かわいそう」と説明した。「その通りです。なぜ，『かわいそうなぞう』なのか知っていますか」と全体に問うと，半分くらいの生徒が知っているようであった。そこで先の生徒に尋ねると，「戦時中にゾウが殺された話だったと思います。『ドラえもん』でもそのような話があった」と説明した。

　そこで井の頭自然文化園でかつて掲示されていたパネルの説明文を提示した。

> ゾウの猛獣処分
> 　日本のゾウの歴史でもっとも不幸な出来事が第二次世界大戦中に行われた猛獣処分でしょう。1943年8月16日に東京都から命令が出され，絶食させられた3頭は，ジョンが13日目，ワンディ（花子）が18日目，トンキーは30日目

> に死亡しました。　　（本文ママ）

　ここで絵本『かわいそうなぞう』の本文を拡大提示装置で大きく映して見せ，範読した。

> 　トンキーと，ワンリーは，ひょろひょろと　からだを　おこして，ぞうがかりのまえに　すすみでたのでした。おたがいに　ぐったりとした　からだを，せなかで　もたれあって，げいとうを　はじめたのです。　　　　　　(p.18より)
> 　うしろあしで　たちあがりました。まえあしを　おりまげました。はなをたかく　あげて，ばんざいを　しました。しなびきった　からだじゅうのちからを　ふりしぼって，げいとうをみせるのでした。
> 　げいとうを　すれば，むかしのように，えさがもらえると　おもったのです。
> 　　　　　　　　　　　　　　　　　(p.20より)

❷「猛獣処分」をする理由は何だと思いますか。

■教材の歴史的背景について知識をもたせるための発問である。

　挙手した生徒を指名して発表させた。
・戦争中でもし空襲に遭って檻から逃げたら危ないから。
・食料難だから。

　4人班で考えさせたが他にはなかなか考えが出てこなかった。

　「大阪経済法科大学の斉藤涼子さん（アジア太平洋研究センター）の論文『上野動物園における「猛獣処分」とその慰霊』で明らかにしたこととして，①当初，空襲時の動物処分の計画はなく，その後も，処分は最終手段とされていたこと，②猛獣処分は都の威信をかけた都長官の命令であり，一匹の避難すら許さない「全頭処分」という異常なものであったこと，③慰霊祭において処分された動物は，戦争遂行のために命を捧げたとして顕彰されたこと，④仇討ちを期す美談になったことがあげられています」と説明し，教材1

を配付した。

ここで「当時，上野動物園の猛獣たちが殺処分された報道を知って，全国各地から手紙が寄せられました。その中の一句（作者不明）です」と言って，次の俳句を板書した。

> 来たる世は　人に生まれよ　秋の風

生徒もしんみりとしていた。

続けて，「戦前戦後の上野動物園長を務めた古賀忠道さんの言葉です」と言って，次を提示した。

> Zoo is the　（　　　　　　　　　）
> 動物園は（　　　　　）そのものである

❸かっこの中にはどんな言葉が入ると思いますか。

■この事件のもつ意味を焦点化させる発問である。

英語が好きな英語係の生徒二人を指名して答えさせた。

・dream　夢
・sadness　悲しみ

「素晴らしい考えを出してくれましたね。Zoo is the peace，動物園は平和そのものであるという意味です」と説明し，「peace」「平和」と書き込んだ。

「さらに，その下に，次の言葉も続いています」と言って，教材２を配付し範読した。生徒はしんみりと読んでいた。

「戦後を代表する漫画家にやなせたかしさんがいます。アンパンマンで有名ですが，たくさんの絵本を書いていらっしゃいます。この上野動物園の猛獣処分に関連することを描いた絵本があります」と言って，絵本『さよならジャンボ』の表紙を見せた。そして拡大提示装置で大きく見せながら読み聞かせを行った。国の都合で動物を殺処分しようとするところだが，ラストシーンはそのゾウがミサイルを防ぎ皆助かるという，とてもハッピーな終末である。生徒たちも朗らかな表情で読み聞かせを聞くことができた。

「やなせさんは戦時中の事件を知らないでこの絵本を書いたとは思えないよね」と言って，次の問いをした。

❹ 対 探 なぜ，やなせたかしさんはハッピーエンドの「さよならジャンボ」を創作したと思いますか。

■ねらいに迫り深い学びへと誘う発問である。

ワークシートに３分間で各自に書かせて，６人班でワークシートを右回りに渡していきながら友達の考えを読ませていった。「気づきコメント」を朱書で加えさせた。その後，３人組に分かれて思ったことを話し合わせた。

最後に自分の席に着かせて，２分で40字以内にまとめさせた。

次のような記述がワークシートにあった。

・戦時中に実際あったことは，あまりにも辛い内容だから，子ども向けに変えた。
・上野動物園で起きたことをヒントに，世界が平和になるよう祈ってつくった。
・実際にあったことが，いかに悲しい話であったかを際立たせるためにつくった。
・戦時中に起きた悲劇を二度と起こしてはならないという想いを込めた。
・亡くなったゾウに謝りたい気持ちや静かに眠ってほしいという気持ちから。

「この授業を準備するにあたって，やなせたかしさんがどういう思いだったのかをいろいろな文献で探しましたがわかりませんでした。でも皆さんが考えたことはきっとみんな正しいと思いますよ。やなせさんが生きていたら，なんて言ってくれるだろうね」と言って，授業を終えた。

教材1 『上野動物園における「猛獣処分」とその慰霊』
斉藤涼子（大阪経済法科大学 アジア太平洋研究センター）
「アジア太平洋研究センター年報 2017-2018」p.27〜28より

　本稿で明らかにしたことは以下の4点である。まず，「猛獣処分」の前提として，動物園における空襲時の対処は，来園者の避難と脱走動物の確保であり，動物処分の計画はなかったこと，その後，動物の薬殺を定めた「要綱」においても，処分は最終手段とされていたことである。次に，「猛獣処分」は都長官大達の命であり，一匹の避難すら許さない「全頭処分」という異常なものであったことである。大達にとって動物を殺すことは防空対策そのものというより，「都の責任問題」であり，威信に関わるものとみなしていたことも重要である。その次に，慰霊祭において処分動物は「時局捨身動物」と呼ばれ，戦争遂行のために命を捧げたとして顕彰されたことである。また，公園緑地課長井下の「時局の苛烈さをよく考へていただきたい」という挨拶にあるように，慰霊祭の挙行は人々に対する戦争への意識づけと一体の関係にあった。このような「犠牲の顕彰」と「銃後の引き締め」のもとに異常な処分が正当化された点は強調しておきたい。最後に，動物園に届いた子どもの手紙からは，「猛獣処分」は米英が引き起こしたことであるという歪んだ認識をみることができ，「仇討ち」を期す「少国民」の美談になったことも明らかになった。

教材2 『戦時猛獣処分』の真相に迫る
～戦争にまつわる70年前の動物園の悲話と実像～
森 徹士（もり動物クリニック院長・鳥取県獣医師会）「日本獣医師会雑誌68(12)」p.739より

　当時，上野動物園の猛獣たちが殺処分された報道を知って，全国各地から手紙が寄せられた，その中の一句を紹介したい。
　『来たる世は　人に生まれよ　秋の風』（作者不明）
　次に生まれ変わる時は人間になって長生きしてほしいと，犠牲になった動物たちを憐れんだ句だが，その人間の方の被害も甚大だった。問題はその源である戦争をなくさなければ，何も解決しないだろう。そのことを戦前戦後の上野動物園長を勤めた古賀忠道氏(元陸軍獣医少尉)も憂いていたと確信する。彼の言葉を借りて最後の挨拶としたい。
　『Zoo is the peace　（動物園は平和そのものである）：人の世が平和でなければ動物園は成り立たない。人の世が平和でなければ，人の愛は動物に及ばない。人も動物も平和の中でこそ幸福な生活を営むことができる。動物園があり，人と動物が身近に交流しうる動物園という場が栄えるような世の中にしなければならない。』

（熊本県　桃﨑剛寿）

<table>
<tr><td>1年</td></tr>
<tr><td>2年</td></tr>
<tr><td>3年</td></tr>
</table>

「殺処分０」をめざして

33.いのちの花

感　動	★★★
驚　き	★★☆
新たな知恵	★★☆
振り返り	★☆☆

web
3-33
授業用
パワーポイント

　新型コロナウイルス感染拡大による外出自粛要請で，にわかに「ペットブーム」が起きました。しかし，自粛要請が解除されると動物の保護施設には，毎日のように子犬や子猫が送り込まれたところもあるといいます。災害が起きると，とりわけ弱者には被害が大きく現れます。今から数年前，動物の「殺処分」に辛い思いをしながらも逃げずに真正面から取り組んだ女子高校生がいました。彼女の心情に寄り添いその思いを共有してほしいと願い，この授業を創りました。

 『いのちの花』
向井愛実：著　WAVE出版

■ 教材の概要 ■

　青森県の農業高校で早朝から動物の世話をする向井さんが，校外学習で動物愛護センターへ行ったとき，厳しい現実に直面する。それは，殺処分された動物の骨が廃棄物として扱われることであった。

　「精一杯のことを，何かしなくては！」と思った向井さんは仲間とともに，殺処分された動物の骨を土に混ぜ，種を蒔いて花を咲かせる「いのちの花」プロジェクトを立ち上げ，殺処分０を訴えた。動物の命を大切にすることは人の命を大切にすることと同じである。そのことに改めて気づかせてくれる教材である。

■ 授業構成 ■

| 0 | 5 | 10 | 22 | 25 | 30 | 35 | 45 | 50(分) |

| ●発問● "78円の命"の意味は？ | ●発問● 殺処分についてどう感じる？ | ●話し合い● どうすれば殺処分はなくなる？ | ●教材● 向井さんの紹介 | ●発問● 辛かった，うれしかったことは？ | ●発問● "厳しい現実"とは？ | ●発問● 殺処分ゼロの取り組みが広がりをみせているのはなぜ？ | ●振り返り● 本時の感想を書く |

> **協働的な学び**　仲間の意見を聞き，自分の考えをまとめていく話し合いをする。

■ 本時の授業を中心に見取った評価文の例 ■

　殺処分の問題に真摯に向き合い，その解決に向けて一生懸命に考えていました。向井さんやこの問題に取り組んでいる人のことを聞き，自分も今後取り組みたいと発言していました。

協働的な学びの度合い ●●● ○ ○ ○　　授業準備度 ● ○ ○ ○ ○

ねらい

身近な動物をはじめ，生きとし生けるものの生命の尊さに気づき，生命を大切にする心情を育てる。　　　　D19［生命の尊さ］

準備

・教材1・教材2・教材3（148ページに掲載）提示用
・統計資料（保健所への収容数，殺処分数，世界の状況）

授業の実際（2年で実施）

「今日は一部（2か所）を隠した子猫のポスターを見てもらいます」と言って，ポスター（148ページに掲載）を提示した。

1 卵3個と猫の何が等しいのでしょう。

■殺処分が"安易に"行われていることを示唆する発問である。

「体重」「体長」「値段」と出たところで，隠していた「78円の命」を見せた。「さて，78円の命ってどういう意味でしょう？」と問うと，「一日のエサ代」と出た。「生きるためではありません」と言うと「殺すため？」と出たので，残りの部分を提示して読み上げた。

「日本で，ネコ一匹を殺処分するのにかかる金額はわずか78円といわれています。……年間8万匹，今日もどこかで1時間に9匹ものネコの命が簡単にうばわれています」

これに対し，生徒の反応は「意外と安い」と言う生徒もいれば，「猫の命の価値がたったの78円でしかないみたい」と怒り気味に言う生徒もいた。

2 殺処分とは，"不要な，もしくは人間に害を及ぼす動物を殺害すること"ですが，この説明に，あなたはどう感じますか。

■人間の都合で動物の命を奪っていることに気づかせる発問である。

「一部の人間に不要なだけ」「人間に都合がよすぎる」「殺さなくてもよいと思う」「理由があったとしても殺してはいけない」などの意見が出た。

次に，殺処分の現状について，スライドで説明した。

ブリーダーが繁殖できなくなった動物を，ペットショップでは売れ残った動物を殺処分する場合がある，などの殺処分理由や，日本での保健所などへの収容数，殺処分数，世界の状況など，統計資料も使って説明した。

3 🈯 どうすれば殺処分はなくなると思いますか。

■殺処分を自分の問題として捉えさせる発問である。

各自しっかり考えさせた後，5〜6名の班で交流した。「飼い主が捨ててはいけないという法律を作る」「保健所に収容された動物を譲渡する機会を増やす」「ペットショップを認可制にする」などの意見が出た。「では，皆さんはどんな行動がとれますか？」と聞いたところ，一様に困惑した表情だった。

4 身の回りで殺処分の問題に取り組んでいる人を知りませんか。

■向井愛実さんを紹介する発問である。

生徒から意見が出なかったので，「実は，殺処分に辛い思いをしながらも逃げずに真正面から取り組んだ高校生がいました」と言って，「いのちの花プロジェクト」に取り組んだ向井愛実さんのプロフィールを紹介した。「1994年生まれの向井さんは，子どものころから動物が好きでした。青森県の三本木農業高校の動物科学科に入学し，朝夕動物の世話をするため，3年間寮生活をしました。2年の校外学習で，青森県動物愛護センターへ行き，そこで厳しい現実を知ります」と説明して，次の問いをした。

5 青森県動物愛護センターへ行って知った"厳しい現実"とは何でしょう。

■殺処分の問題に潜む悲痛な現実を知る発問である。

「動物が殺処分されていること」という意見に対し，「動物愛護センターって，動物を大切に飼育してくれるところじゃないの？」と問い質した生徒が数名いた。それに対し，「愛護センターの方は動物のことを大切にしようと心から願っていると思います。しかし持ち込まれた動物を飼育するのには無理があると思います。譲渡などを積極的に発信されていますが，現状として残念ながらそういう結果になっています」と補足した。本題に戻して「農業高校の生徒はみんな行く前から殺処分されていることを知っていました」と言って，向井さんらが直面した"厳しい現実"を説明した。

> 殺処分後に焼却された犬や猫の骨は，大きな紙袋に入れられ，無造作に積み上げられていた。
> 人間の骨はお墓に入れてもらえるが，動物の骨は事業系廃棄物，つまりゴミとして扱われるのだそうだ。（中略）
>
> 知らなかった。こんなにも人の骨に似ているなんて……。
> 知らなかった。こんなに骨が細いなんて。
> 知らなかった。骨がゴミになるなんて。
>
> 前掲書p.31〜32より

「向井さんはこの2カ月前に大好きだったおじいさんを亡くしていました。それだけに，焼却された骨がそのように扱われてしまう現実を辛く思いました」と向井さんの心情を伝えた。

「向井さんは奇想天外な方法で『殺処分ゼロ』に取り組みます。それは，すてられてしまう動物の骨をもらい受け，それを砕いて土に混ぜ，花を育てるというプロジェクトでした。『いのちの花プロジェクト』と名づけました」

6 「いのちの花プロジェクト」に取り組んで，辛かったこと，うれしかったことはどんなことでしょう。

■向井さんの心情に寄り添い，生命を大切にすることについて考えさせる発問である。

【辛かったこと】
「命を粗末にしていると非難された」「誰にも関心を寄せられなかった」「一緒にしていた仲間が次々とやめていった」

【うれしかったこと】
「理解者が増えていき，みんなで取り組んだ」「多くの人に認められ表彰された」などの意見が出た。その時の様子について教材2の内容を説明した。

教材3（148ページに一例を掲載）を提示し，「有名人の『いのちの花』プロジェクトへの参加や音楽グループのイベント，他にも動物の譲渡会やふるさと納税による寄付など，『殺処分ゼロ』の取り組みが広がりを見せています」と言って，次の発問をした。

7 「殺処分ゼロ」の取り組みが広がりを見せているのはなぜでしょう。

■動物愛護の根底にあるものを考えさせる発問である。

「影響のある人が『殺処分ゼロ』を訴えるようになったから」「殺処分をなくす取り組みが増えて，それに参加できる機会ができたから」「飼い主の責任を追及するだけでは解決できないと考える人が増えてきたから」などの意見が出た。

「もちろん影響力のある個人や団体が訴えている効果は絶大だと思いますが，なぜそのような人が増えたのでしょう。何に共感しあるいは賛同して問題を解決していこうと思ったのでしょうか。動物愛護の根底にあるものは何でしょう。もう少し考えてみてください」と言ったところでチャイムが鳴った。

●生徒の感想
・自分が普通に生きている間に，人間の勝手でたくさんの命が奪われてしまう現実はおかしいと思います。動物を飼う前に，本当に飼うことができるか，しっかり考えてから動物を飼うべきだと思いました。

教材 教材1 ポスター「78円の命。」

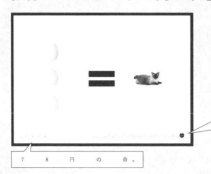

7　8　円　の　命。

「78円」と聞いて，あなたは何を思いうかべますか？　日本で，ネコ一匹を殺処分するのにかかる金額はわずか78円といわれています。それは，朝ハムエッグになった卵３つ分と同じくらいの値段です。年間８万匹，今日もどこかで１時間に９匹ものネコの命が簡単にうばわれています。（後略）

※授業では，最初は文字部分２か所を隠して提示した。
提供：「78円の命プロジェクト」

教材2 『いのちの花』 向井愛実：著　WAVE出版より一部転載

　重いレンガをひと振りひと振り，心を込めて骨を砕いていった。殺処分された動物をさらに傷つけるようで，それはとてもつらい作業だった。背中に重くのしかかる責任といのちの重み。「ごめんね，ごめんね」と繰り返し心の中で謝った。
　ある時，何をしているのか聞いてきた農場の先生に，『そんなことをして逆にかわいそうじゃないのか？　呪われるぞ。』と言われた。　　　　　前掲書p.51～56より一部抜粋

　１か月後，立派に咲いたマリーゴールドやサルビアは，動物たちの生まれ変わりのように思えた。
　初めての公の場でいのちの花を紹介するのは，三農主催の「十和田わんわんフェスタ」に決まった。
　当日，スピーチの最後に，私たちはこの花の里親になってくださる方の募集をかけた。誰ももらってくれなかったらどうしよう，とすごく不安だった。「花をもらってもいいですか？」と予想以上の人が，いのちの花を持ち帰ってくれた。

前掲書p.60～64より一部抜粋

教材3 「殺処分ゼロ」の取り組みの広がりを示すスライド（一例）

犬の譲渡会の様子

広島県神立高原町のふるさと納税のポスター

（提供：ピースウィンズ・ジャパン）

参考にした資料

・「犬・猫の引き取り及び処分の状況」（環境省自然環境局）
・国別データ比較（2019年２月改訂版）「各国との比較～犬猫殺処分の状況」
　（公益社団法人アニマル・ドネーション）
・「78円の命プロジェクト」 http://78yenproject.jp/
・「ピースワンコ・ジャパン」（ピースウィンズ・ジャパン）　https://peace-wanko.jp/

（京都府　松永　勉）

1年	「ぼくたちがすてたごみ」を考える
2年	# 34.私たちの海を守れ！
3年	

感　動	★☆☆
驚　き	★★☆
新たな知恵	★★★
振り返り	★★☆

web
3-34
授業用
パワーポイント

　世界の海が汚染されています。しかし，責任の一端は，私たち先進国の生活にあることを多くの人々が未だ実感していません。私たちが立ち向かわなければならない環境問題に対して，問題意識を高めたいと考え，授業を創りました。

『プラスチックのうみ』

教材 ミシェル・ロード：作　ジュリア・ブラットマン：絵
川上拓土：訳　磯辺篤彦：監修（小学館）

■ 教材の概要 ■

　大量のプラスチックごみが海洋に排出され，生態系に大きな影響をもたらしている現実とそれらの原因が我々の生活に端を発していることをわかりやすく描いている。ネット上の動画や写真を併用することで，現実問題として生徒に実感させ，自分事として捉えさせやすい。

■ 授業構成 ■

0 1	5	8	10	12	15	17	22	25	31	35	45	50(分)
表紙	●発問●何が描かれている?	●発問●ぼくたちとは?	絵本前半	資料1	●発問●気づくこと?	資料2	●発問●どう思う?	絵本前半	●発問●どう思う?	絵本後半	●発問●ゆたかな海を取り戻すためには?	感想

協働的な学び ゆたかな海をとりもどすための解決策について意見交流させる。

■ 本時の授業を中心に見取った評価文の例 ■

　自分の捨てているごみが生態系を破壊することにつながっていることに気づき，意見交流するなかで，実生活のなかで自らにできることについての考えを広げていました。

協働的な学びの度合い ●●●◎◎◎　　授業準備度 ●●●●◎◎

149

ねらい

「プラスチックのうみ」は，私たちが日々の生活のなかで排出しているごみが関係していることに気づき，環境を守るために自らにできることを考え，行動していこうとする意識を高める。　　　D20［自然愛護］

準備

・『プラスチックのうみ』
・資料（152ページに掲載）提示用
・漂流ごみや，その影響を受ける生物の写真や動画。

授業の実際（1年で実施）

『プラスチックのうみ』の表紙（149ページ）のタイトルを隠した左上の部分を提示した。

1 この絵は何が描かれていますか。

■教材への関心を高める発問である。

・オットセイやカメがいる。
・少年が網を持っている。
・きれいか汚いかわからないものが浮かんでいる。

ここで絵本のタイトル『プラスチックのうみ』を示した。「プラスチックってどれかな」と言いながら，表紙全体を大きく見せた。すると海に浮かんでいるたくさんのごみを生徒たちは確認することができた。

絵本の1〜2ページを提示した。「ぼくたちがすてた　ごみです」とある。

このページで止めて，「みなさんは海にごみを捨てたかな」と問い，挙手させたが，誰も手を挙げる生徒はいなかった。

「ごみを捨てたという意識はありませんね。この絵本の子どもたちも，自分が捨てたという意識はないと思います」と言って，次の発問をした。

2 「ぼくたちがすてたごみ」とは，どういうことでしょうか。

■絵本の作者が「ぼくたち」と記述していることの意味を考えさせることで，当事者意識を高めるための発問である。

二人の生徒が挙手して発表した。

・僕は捨てていませんが，海にごみを捨てた人はいる。
・「ぼくたち」とは，人間のことを指して言っているのだと思います。

「これらの意見に賛成ですか」と尋ねると，全員が挙手した。

続けて，絵本の3〜18ページの「みて……，ぼくたち　にんげんのせいなんだ」までを読み聞かせた。

「絵本でこの問題のイメージがつかめたと思います。それでは，現実はどうかを次の資料から考えましょう」と，思考対象をファンタジーからリアルに変更することを伝えた。

「まず最初に，陸上から海洋に流出したプラスチックごみ発生量について国別にまとめた資料があります」と言い，資料を提示後，発問した。

3 この表から気づいたこと，考えたこと，はてなと思ったことは何ですか。

■自国と他国の流出量の違いを比較させることで，ごみ問題に対する自国の置かれた立場への理解を深めるための発問である。

生徒たちは，次のように回答した。

・日本は2〜6万トンと数値が低く，他の国に比べると数値としてはよい方だ。
・日本が2〜6万トンもごみを出しているのは驚いた。これは，多すぎる。
・中国が圧倒的にごみを流出している。
・上位をアジアが占めている。
・日本と他国のデータの数値にこんなにも開きがあるのはどうしてだろう。
・このデータは，どのようにして集計されたのだろう。

日本のデータに対して，生徒たちの興味・関心はとりわけ高かった。なかでも，そのデータについて，生徒たちの間で読み取りに違いが見られたことは，大変興味深かった。

ここで，廃プラスチック処理の実態につい

て説明した。

> 　日本は2016年には年約150万tの廃
> プラスチックを海外に輸出しており，
> その約半分の輸出先は中国でした。し
> かし17年12月，リサイクルに伴う環境
> 汚染を危惧して，中国は廃プラの輸入
> を禁止。これに伴い，日本は輸出先を
> インドネシアやマレーシア，フィリピン
> など東南アジア諸国にシフトしました。
> (高田秀重：監修『プラスチックの現実と未来へのアイデア』
> 　　　　　　　東京書籍　p.108，11〜15行目より)

４このことを知って，どう思いますか。
■自分たちは関係ないと思っていたこと
からの転換を確認する発問である。

　生徒たちの表情は徐々に険しくなっていっ
た。その中で３人が発表した。
　・私たち日本のごみの排出量は少ないと
　　思っていたら，他のアジアの国々にごみ
　　の処理を委託していた。
　・がっかりした。
　・マジで？　俺たち，最悪。
　生徒たちに「これは，お互いの承諾のもと
で貿易として行っていることですが，日本が
アジア圏の国々にたくさんのごみ処理を委託
してきたことは事実です。次のようなことが
実際，世界で起きています。動画を２つと写
真を２枚（152ページで紹介しているサイト）
見てください」と言って，あるダイバーがバ
リ島の沖合で撮影した，ごみがたくさん浮遊
している海中の様子，北極海までプラスチッ
クごみが着いている様子を映した２種類の動
画を見せた。続けて２枚の写真を見せた。ご
みに絡まってしまった動物の写真である。

５動画や写真を見て，どういうことを
思いましたか。
■現実に起きていることのひどさを共有
するための発問である。

　動画や写真を提示する度にペアでどんどん
語らせていった。生徒たちは「え？」「嘘！」
「このままにはできない」といった声を漏ら
していた。この発言は，ごみ問題の現状が，

生徒たちの想像以上であったことを物語って
いた。
　「絵本は最後どのように描かれているで
しょうか」と投げかけ，絵本の続きから最後
まで読み聞かせをした。そこには「人間がす
べきこと」が描かれていた。
　絵本の表紙に貼られているステッカーの一
文「ゆたかな海をとりもどすには？」という
言葉を示して問うた。

６ 主 対 ゆたかな海をとりもどすため
に，「わたしたちにできること」をワー
クシートに３つ以上書きましょう。
■プラスチックのうみで起きている出来
事を自分たちの生活と関連付けさせるこ
とにより，自分にできることについて考
えさせ，日常への行動に結びつけるため
の発問である。

　個々の考えをワークシートに記入させたの
ち，学級内を立ち歩き，自由に意見交流させ
た。その際，自分にない意見は赤ペンで記入
させ，他者の意見が明確に区別できるように
させた。その後，すべての生徒を起立させ発
言させると11のアイデアが出た。
　絵本の巻末に，「わたしたちにできること」
という項目（152ページに掲載）がある。最
後にこの部分を提示し，全7項目のうち，い
くつできているか確認させ，自分自身の環境
問題への取り組みを4段階で自己評価させた。
　最後に，授業での気づきや学びを記入させ，
授業を終えた。

●生徒の感想
　・授業で出てきた写真を見て，思っていた
　　以上のごみだったし，その影響で動物た
　　ちが亡くなったりしたのを見て，今まで
　　あまりごみのことを意識してなかったけ
　　れど，今日の授業で意識が高まった。こ
　　れから買い物に行くときは，エコバッグ
　　を使う，分別する，ポイ捨てはしないな
　　どの簡単なことから，しっかりと守って
　　いきたい。

○「陸上から海洋に流出したプラスチックごみ発生量（2010年推計）ランキング」

「プラスチックを取り巻く国内外の状況（平成30年8月）」（環境省）より

順位	国名	推定流出量（万t／年）
1位	中国	132〜353
2位	インドネシア	48〜129
3位	フィリピン	28〜75
4位	ベトナム	28〜73
5位	スリランカ	24〜64
⋮		⋮
20位	アメリカ	4〜11
⋮		⋮
30位	日本	2〜6

○「わたしたちにできること」（『プラスチックのうみ』巻末より）

☐ 買い物にはエコバッグを持っていく。
☐ 飲み物は水筒やマイカップで。
☐ 使い捨てのプラスチック製品を使わない。
☐ ごみはポイ捨てせず，分別して捨てる。
☐ 捨てる前に，ほかに使えないか工夫する。
☐ 身近な地域のごみ拾い活動に参加する。
☐ 住んでいる地域のごみ処理について学ぶ。

活用した動画サイトなど

①動画「バリ島近くの海に大量のプラスチックごみ　英ダイバー撮影」
https://www.bbc.com/japanese/video-43340701
②動画「手付かずの自然のはずが……北極圏にもプラスチックごみ」
https://www.bbc.com/japanese/video-42998869
③写真「古い漁網に絡まったアオウミガメ」
写真「ビニール袋にがんじがらめになったコウノトリ」
https://www.bbc.com/japanese/features-and-analysis-44249670

① 　② 　③

（福岡県　水流弘貴）

<table>
<tr><td>1年</td></tr>
<tr><td>2年</td></tr>
<tr><td>3年</td></tr>
</table>

大きな壁に出会ったときに
35. あなたはプロにもなれる

感 動	★★★
驚 き	★☆☆
新たな知恵	★★☆
振り返り	★★☆

web
3-35
授業用
パワーポイント

実は自分がやりたいことがあるのに，現実を知ったつもりになって，「（今の）自分にはムリだ」と諦めてしまうことが中学生の時期には多いです。けれど，本当にそれはムリなことなのでしょうか。「今」はムリでも，10年後，20年後にはできるようになっているかもしれない……，それに気づかせるために，自分の中にいる弱い自分と向き合う時間をもたせたいと考えて授業を創りました。

教材 『1/11 じゅういちぶんのいち① #1 若宮四季』
中村尚儁：著 集英社

■ 教材の概要 ■

『1/11 じゅういちぶんのいち』は，主人公のソラが一度は諦めたプロのサッカー選手になる夢を実現させていくというストーリーの漫画である。幼いころからサッカーを続けていたソラはプロのサッカー選手になる夢を諦めて，進学校では勉強に専念することに気持ちを切り替えていた。しかし，女子日本代表・若宮四季との出会いがソラの心を動かす。「才能」がないと「一流」にはなれないと思って諦めがちな中学生が，主人公ソラに自我関与しやすい教材である。

■ 授業構成 ■

0 3	7	12	18	24	32	36	43	50(分)
●確認● 子どものころの夢	教材1	●発問● プロにもなれると言われたら？	●発問● どうして思い出すの？	教材2	●発問● どんな気持ち？	教材3	●発問● どうして受け止められるようになった？	●発問● 自分の可能性についてどう考える？

┄┄┄┄┄┄┄┄┄┄┄┄┄┄┄┄┄┄┄┄┄┄┄┄┄┄┄┄

[協働的な学び] Googleクラスルームで「質問」を使って意見を共有する。

■ 本時の授業を中心に見取った評価文の例 ■

可能性を伸ばすためには，自分の弱い部分との向き合い方が大切と考えました。どのような向き合い方がいいのか，これから模索していってほしいと思います。

協働的な学びの度合い ●●● ○○ 授業準備度 ●●●●○

ねらい

　自分で自分の可能性を押し殺してしまうことの苦しさに気づき，それでも奮い立たせようとする心の動きについて考え，道徳的心情を高める。　　　D22 [よりよく生きる喜び]

準備

・Googleクラスルーム
・教材1・教材2・教材3（156ページに掲載）
　生徒数分

授業の実際（2年で実施）

　事前にGoogleクラスルームで「小さいころになりたかったものは何ですか。また，それは今も同じですか。もし変わっていたら，その理由も教えてください」と質問しておき，導入でその答えを確認した。事前に質問をしておくことで，自分自身との関わりを意識させやすくなり，教材への導入が図られる。

　なりたいものが変わってしまった理由に，「現実を知ったから」などの反応があることを確認してから，

「プロにもなれる」

と板書した。

　「もし他の人から『プロ（一流）にもなれる』と言われたらどう思いますか」と質問をし，「すごい褒め言葉だね」と言いながら聞くと，「とてもうれしい」よりも，「プレッシャーに感じる」という意見が多かった。

　教材1を配付し，教師が読んだ。その後，主人公ソラが言われた「プロにもなれる」という台詞の受け止め方の変化について発問をした。

❶「プロにもなれる」と言われて，どうしてソラは怒ったのだろう。
　■主人公の弱さに気づくための発問である。

　列指名をして言葉を引き出した後に，「小さいころにも言われているけれど，反応が違うのはどうしてか」と比較する視点も与えてペアで話し合わせた。
　・こちらの事情を知りもしないで勝手なことを言わないでほしい。
　・ようやく諦めがついたのに，蒸し返さないでくれ。
　・才能がないことを思い知らされたのに，才能があると適当なことを言われたから。
　・小さいころはできると思っていたし，そのくらい努力していたけど，今はムリだと思っているから。

　教材からの読み取りにならないように，次のような発問で揺さぶりをかけた。

❷諦めたのにどうしてまだ思い出すのですか。
　■主人公の葛藤に自我関与を促す発問である。
　・嫌な思い出だから。
　・まだ諦めきれていない自分がいるから。
　・サッカーが好きだから。
　・思い出したくないから，押し込めているけど，自分のなかにわだかまりが残っているから思い出してしまう。

　ここで，「諦めたかったのかな？」と言うと，「諦めたかったら思い出さないと思う」「本当は諦めたくないからモヤモヤしているし，感情が出ちゃうんじゃないか」という発言が出た。

「諦めきれない思い」

と板書した。

　教材2を配付し，教師が読んだ。『1/11』の42〜43ページの見開きにあるソラの視界が開けたシーンに着目して次のような発問をした。

❸「サッカーは一人でやるものじゃない」ということがわかったときのソラは，どんな気持ちですか。
　■これまでのサッカーへの向き合い方，努力の仕方を問い直す発問である。

・うれしい
・サッカーの楽しみ方がわかった。
・今までの悩みや努力がなんだったんだろうと思う。

　ある程度，気持ちを引き出した後に「じゃあ，プロになれるっていう気持ちは？」と追発問をした。発問 **1** の場面と **3** の場面での「プロになれる」「プロになれない」という気持ちの変化を2つの円グラフに表現させ，ペアで説明をさせた。「あまり変わらない」「前よりはあるけど，プロになれるってほどじゃない」などの意見が出たので，「もう少し詳しく説明してくれるかな」と言って理由を引き出した。

　「サッカーを苦しくやることはなくなったけど，前に負けた選手のようなすごい才能をもった人がプロになるわけだから，プロになれるまでの自信にはなってないんじゃないかな」と言ったので，「才能」「自信」と板書し，「なるほど，でも『諦めきれない思い』もあるんだよね」と聞くと，「なりたい思いがなくなったわけじゃないけど，なれるとは思っていないと思う」と答えた。

　「実はこの後，高校を卒業したソラは世界でも活躍するプロ選手になります。だけど，その前にある出来事がありました。「プロにもなれる」という言葉を受け止めたソラは，どんな変化をしたんでしょうね」と言って，教材3を配付し，教師が読んだ。

4「プロにもなれる」という言葉をどうして受け止められるようになったんだろう。
■前を向いて生きていくために，弱い自分と向き合うことが大切であることに気づかせる発問である。
　Googleクラスルームの「質問」で理由を入力させ，回答が早い生徒や別の視点で考えている生徒に意図的に指名した。
・才能があるとかないとかを言い訳にしていたことに気づいたから。
・できない自分はダメだと思っていた。そんな自分も受け入れて乗り越える。

・自分でできないと思い込み，自分の足を引っ張っていることに気づいたから。
・間違った努力をしていたから，正しい努力をすればいいことに気づいた。
　意見を引き出した後に，

> 「プロにもなれる」⇒ "可能性"

と板書をして，最後の発問をした。

5 みなさんは自分の "可能性" についてどう考えましたか。
■ソラの生き方から学んだことを自分にかえす発問である。
　「みなさんが全員プロになれるとは言いませんが，"可能性" という言葉に置き換えてみれば，重なる部分もあったかもしれません。今日の授業で考えたことを書いてください」と言って振り返りを書かせた。
　一人の生徒を指名して発言させた。
　「"がんばって" という言葉をプレッシャーに感じるときがあったけど，結果を出せない自分を認めたくなかったのかもと考えた。自分の弱いところも含めて可能性を伸ばしたい」
　発言の余韻を残して授業を終えた。

『1/11　じゅういちぶんのいち①　#1　若宮四季』より

教材1　p.5～26より

　中学を卒業したばかりの安藤ソラは，サッカー部を引退し，進学校への入学に向けて猛勉強していた。勉強の息抜きにサッカーボールを持って家を出ると，偶然，女子日本代表の若宮四季に出会う。ソラの練習を見た四季から，「プロにもなれる」という言葉をもらったときに，ソラは激怒する。

　ソラは，小さい頃からサッカー少年で，仲間のツヨシからも「プロになれる」と言われ，そう信じてサッカーに夢中になってきたが，身長が伸びなかったり，自分より格上の選手に出会ったことで，挫折し，プロになることを諦めていた。

教材2　p.27～43より

　後日，怒らせたことを謝りに来た四季は，ソラに1対1を申し込む。そのときに，「サッカーは一人でやるものじゃない」と伝える。

　ソラは部の引退試合の最中に，これまでの自分がパスをしなかったこと（一人でサッカーをしていたこと）に気づく。

　その後，パスを出したことで，ソラはシュートチャンスを得ることができた。これにより，ソラは「サッカーは一人でやるものじゃない」という言葉の意味を知る。

教材3　p.46～50より

　親の離婚で名字が変わっていた四季の旧姓は津吉（ツヨシ）であり，ソラと昔一緒にサッカーをやっていた仲間だった。ソラのプレイに憧れて，下手くそながらも練習していたツヨシが日本代表になったことを知り，ソラは自分が「サッカーの神様に選ばれていない」と思い込んで，弱い自分と向き合っていなかったことに気づく。

　（原作では，実は四季が事故ですでに亡くなっており，ソラと再会するために甦っていたということにも気づくシーンだが，ねらいとずれる可能性もあるので，授業ではふれていない）

※授業者が内容をまとめて教材化

（青森県　佐々木篤史）

● おわりに

　2020年は教育研究団体「道徳のチカラ」（代表　佐藤幸司）にとって特別な年でした。
　1月の熊本セミナーが最初で最後の集合研修であり，全国大会，中学セミナー，年末セミナーはオンラインでの開催となりました。また，各地でのセミナーは中止が相次ぎ，広報活動もあまりできませんでした。

　そのようななかでしたが，前作から期間が短かったにもかかわらず，「道徳のチカラ」メンバーを主軸に，北海道：堀裕嗣先生の研究会，新しい道徳授業づくり研究会（SDK，鈴木健二代表），道徳教育合同研修会（主催：上廣倫理財団）などの学びの場から新たな同志を迎えて，過去最多となる24人の先生方から「コロナ禍のなか，このような道徳授業が必要ではないか」と実践原稿を続々と送っていただきました。現場はコロナ禍のなかで喪失感や不安感を抱えている子どもたちを道徳授業でどうにかしたいと熱望していたのです。本書はきっと「コロナ禍のなかで，令和の中学教師が実際にどのような道徳授業をおこなったのか」という歴史的記録を伝える書籍になるだろうと自負しています。

　さらに，本書ではシリーズ15巻目を記念して，國學院大學の澤田浩一先生との特別対談が実現しました。コロナ禍における道徳授業を開発する視点を内容項目から捉える奥義について伺いながら，本書の実践を振り返ったり，さらに教材開発の可能性を探ったりすることができました。そして何よりも，教材開発を進めるわれわれ現場教師の使命を再確認することができました。この場を借りて，澤田浩一先生に心より御礼を申し上げます。

　さて，次は本書を手に取った「あなた」の番です。
　コロナ禍のなかでもたくましく生き抜く「すてきな中学生」のために「素敵な道徳授業」を創りませんか。

　2021年3月

　　　　　　　　　　　　　　　　　　　　　　　　　　　　編著者　桃﨑剛寿

道徳授業開発のすすめ

あなたが創出した道徳授業が
「どこかの中学生」を支えるかもしれない，
救えるかもしれない！
だからこそオリジナル道徳授業を開発し実践されたら，
それを自分だけのものにしないで，広く公開してほしい。
そうして「道徳のチカラ」中学の同志になってほしい。

〈 道徳授業記録募集要項 〉

1．内容　自分自身で開発した道徳授業の実践原稿。
プランや指導案でも可。
執筆依頼が決定したら，以下の形式での作成を依頼します。

2．形式　本書の各実践原稿の2〜3ページ（見開き）を参照。
授業記録の書式は，Ａ4判2枚，20字×35〜40行の2段組です。
最初は，授業の内容がわかるものであれば，形式は問いません。
掲載が決まった場合は，規定の書式で執筆していただきます。

3．送り先　担当：桃﨑剛寿
①メール（推奨）t-momosaki@nifty.com
②郵送　〒861-8083　熊本市北区楡木3-8-46　桃﨑剛寿

4．その他　掲載原稿には，規定の原稿料をお支払します。
なお，著作権・出版権は，主催者（道徳のチカラ）と出版社（日本標準）に
属します。

例年8月の第1土曜日に「道徳のチカラ」全国大会が東京で開催されており，そこで実践論文審査が行われます。高い評価を受けた実践記録は優先的に掲載をしております。

編著者紹介 ●

桃﨑剛寿（ももさき・たけとし）

1989年熊本大学大学院教育学研究科数学教育専攻代数学専修修了。熊本県公立中学校教師に，県立教育センター道徳担当指導主事，熊本市教育委員会生徒指導担当指導主事を経て，現在熊本市立京陵中学校校長。熊本県・熊本市中学校道徳教育研究会会長。教育サークル「道徳のチカラ」副長兼中学代表。『中学校編とっておきの道徳授業』シリーズ1〜14（編著，日本標準），『中学校「特別の教科 道徳」の評価 通知表所見の書き方＆文例集』（日本標準），『スペシャリスト直伝！ 中学校道徳授業成功の極意』（明治図書），『「中学生を変えた」奇跡の道徳授業づくり』（日本標準）など，著書多数。

執筆者一覧（五十音順） ●

(2021年3月現在)

池部聖吾智	熊本県	益城町立益城中学校
伊藤　香	秋田県	秋田市立将軍野中学校
緒方　茂	長崎県	佐世保市立清水中学校
藏屋 瑞代	宮崎県	都城市立中郷中学校
合田 淳郎	東京都	杉並区立杉森中学校
佐々木篤史	青森県	弘前大学教育学部附属中学校
鈴木 賢一	愛知県	あま市立七宝小学校
髙橋 和寛	北海道	札幌市立札苗中学校
髙橋 勝幸	北海道	栗山町立栗山中学校
千葉 孝司	北海道	音更町立音更中学校
水流 弘貴	福岡県	中間市立中間北中学校
羽鳥　悟	群馬県	渋川市立赤城南中学校
馬場 真澄	栃木県	那須塩原市立黒磯中学校
肘井 千佳	福岡県	北九州市立黒崎中学校
平井百合絵	愛知県	豊川市立音羽中学校
藤井 裕喜	京都府	京都市立下京中学校
星 美由紀	福島県	郡山市立郡山第五中学校
松永　勉	京都府	立命館宇治中学校・高等学校
松本聡一郎	熊本県	熊本市立下益城城南中学校
松元 光昭	栃木県	宇都宮市立星が丘中学校
桃﨑 剛寿	熊本県	熊本市立京陵中学校
山下　幸	北海道	札幌市立厚別北中学校
山中　太	長崎県	佐世保市立日野中学校
由川 文子	熊本県	氷川町立竜北中学校
渡邉 知弘	熊本県	熊本市立京陵中学校

※本文中のウェブサイトのURLやメールアドレスなどの連絡先は，2021年3月1日現在のものです。

JASRAC 出 2100815-101

中学校編 とっておきの道徳授業15

コロナ禍だからこそ届けたい 35授業実践

2021年3月30日　第1刷発行

編著者／桃﨑剛寿（「道徳のチカラ」副長）
発行者／河野晋三
発行所／株式会社 日本標準
　　　　〒167-0052　東京都杉並区南荻窪3-31-18
　　　　電話　03-3334-2640（編集）
　　　　　　　03-3334-2620（営業）
　　　　URL：https://www.nipponhyojun.co.jp/

表紙・編集協力・デザイン／株式会社 コッフェル
イラスト／タカミネシノブ
印刷・製本／株式会社 リーブルテック

◆乱丁・落丁の場合はお取り替えいたします。

ISBN 978-4-8208-0705-6

● 本書特設サイトについて ●

　本書に掲載したオリジナル道徳授業35本で活用できるプレゼンテーション資料が「とっておき
の道徳授業」特設サイトからダウンロードできます。マイクロソフト社「パワーポイント2010」
によるスライドは生徒に資料を印象的に提示，驚きを引き出したり，問いや感動を導いたり，思
考を活性化するのに有効です。さらに，資料を視覚的に訴えることで生徒たちの関心を高め，授
業に集中させ，一体感を生み出すことができます。

　また，授業で使えるワークシート（Word・一太郎）と，付録として「1〜14の内容項目リスト」
「年間指導計画補足資料」（共にExcel）をダウンロードしてご利用になれます。授業づくりのヒ
ントとして活用され、その一助となればと願っています。

データの例（3章−6「ゲーテとシラーの物語」より）

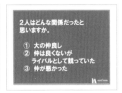

「とっておきの道徳授業」
特設サイトURL
https://kyozaidl.nipponhyojun.
co.jp/totteokidotoku/ch15h6tg

以下の点に留意して使用してください！

❶ 本データは，利用する方が自由に作り替えることができます。ただし，作り替える部分に画像な
　ど，他人の著作物を掲載する場合は，基本的に著作者の許諾が必要です。利用する方が許諾を
　得て使用してください。

❷「教育を担任する者及び授業を受ける者」（多くの場合は授業をされる方）が，パワーポイント
　を授業で使用するために，ウェブサイトなどに掲載されている画像を取り込むことは，著作権
　法の許諾なしに実行できます。
　　ただし，本データには，権利者の許諾を得ている写真や文章があります。また，利用する方が
　作り替えた部分に他人の著作物が含まれる場合もあります。これらの場合，公開授業の学習指
　導案に掲載するなど，授業外で使用したり，頒布のために複製したりするには，権利者の許諾
　が必要となります。利用する方が許諾を得てご使用ください。
　　また，改正著作権法では違法ダウンロード行為に対する刑罰化が加えられました。YouTubeな
　どの視聴は違法ではありませんが，専用ツールを使って動画をダウンロードすると処罰の対象
　となる可能性があります。

❸ 本パワーポイントデータは，動作環境によって表示や動きに不具合が起きる場合があります。使
　用の際には，授業の前に動作確認を行ってください。

　2021年3月1日

桃﨑剛寿

● ご使用条件 ●

※以下の使用条件をご了承の上，ご使用をお願いします。
・特設サイト上のデータは，『中学校編 とっておきの道徳授業15』の
　付録です。
・本サイトは，書籍を購入された方のみ使用できます。
・本サイト上のデータの編集著作権は，株式会社日本標準および編著
　者に帰属し，ユーザーに譲渡されることはありません。
・本サイトのデータを商業目的に使用することはできません。
・本サイトの内容の一部または，全部を，無断で第三者に譲渡，販売，
　貸与，配付することはできません。
・本サイトの運用結果について，弊社はいかなる場合も責任を負いま
　せん。

● 推奨環境 ●

プリンタ：A4判以上対応のもの
ブラウザ：Internet Explorer 11以降
パワーポイントの閲覧・編集
　　　：「Microsoft PowerPoint 2007」以降
Wordファイルの閲覧・編集
　　　：「Microsoft Word 2007」以降
jtdファイルの閲覧・編集
　　　：「一太郎 Ver. 2008」以降
PDFファイルの閲覧
　　　：「Adobe Reader」「Adobe Acrobat
　　　Reader DC」が必要
※記載の会社名，製品名は各社の商標または
　登録商標です。